太极拳讲义

田镇峰 著

山西出版传媒集团
山西科学技术出版社

图书在版编目（CIP）数据

太极拳讲义 / 田镇峰著.—太原：山西科学技术出版社，2020.1（2020.7重印）

ISBN 978-7-5377-5945-8

Ⅰ.①太… Ⅱ.①田… Ⅲ.①太极拳 — 基本知识 Ⅳ.①G852.11

中国版本图书馆CIP数据核字（2020）第225530号

太极拳讲义

TAIJIQUAN JIANGYI

出 版 人　赵建伟
著　　者　田镇峰
版本提供　王占伟
责任编辑　王　蓉
封面设计　吕雁军

出版发行　山西出版传媒集团 • 山西科学技术出版社
　　　　　地址：太原市建设南路21号　邮编：030012
编辑部电话　0351-4922107
发行部电话　0351-4922121
经　　销　各地新华书店
印　　刷　山西相敦印业有限公司
网　　址　www.sxkxjscbs.com
微　　信　sxkjcbs

开　　本　787mm×1092mm　1/16
印　　张　20.25
字　　数　132千字
版　　次　2020年1月第1版　　2020年7月太原第2次印刷
书　　号　ISBN 978-7-5377-5945-8
定　　价　58.00元

本社常年法律顾问：王葆科

如发现印、装质量问题，影响阅读，请与发行部联系调换

策划人语

中华传统武术文化是中华民族传统文化的重要载体，是在千百年的发生、发展、传承过程中，在严格遵循中华民族传统哲学思想的基础上茁壮成长起来的，它广泛地借鉴、吸收、融合了儒家、释家、道家等诸子百家的文化精髓，集中华传统文化中天文、地理、兵法、中医、经络、生理、心理、哲学、美学等文化精要于一身，成功地运用人类的肢体语言，通过桩功、拳势、拳架等一系列方法，系统地阐释了中华民族传统文化的神髓，也已形成了一个独特的、系统的、完善的民族武术学文化体系。

中华传统武术文化，拥有修身养性、陶冶情操、强身健体、养生保健、实战技击等促进人体与自然和谐共生的价值和功能。所以，千百年来承传不息、恒久流传，从而彰显了中华传统文化和传统武术学文化的浩瀚、博大和精深。因此，记载记述中华传统武术学文化的拳谱、史料和书籍，具有了珍贵的史料价值、文物价值、学术价值、学习研究参考价值。

随着人们日益对修身养性、陶冶情操、养生保健、强身健体、延年益寿的需要，随着爱好传统武术文化群体的广泛需求，随着其他群体和学术界对传统武术文化的了解和认知，为了更好地应对不同群体的迫切需要，我们策划出版了一批具有学习、参考、研究和收藏价值的传统武术文化书籍，这次选取的《太极拳讲义》一书仅仅是这次出版计划的一个开始，随后，会根据读者反馈和广泛的需求，筛选出一批具有广泛需求的书籍进行出版，以飨广大武术界朋友们的迫切需求。

在此，我们也真诚地希望长期以来致力于和有志于中华传统武术文化弘扬和发展的贤达人士，与我们携手共进，共襄此举，为民族传统武术文化的传承、发展和弘扬添砖加瓦，共尽绵薄之力；在我们组织、策划、甄别、筛选、编校过程中，可能会出现一些这样或那样的过失、错误和疏漏，在此，我们首先向您表示深深的歉意，同时我们也真诚地希望您能不吝赐教和斧正，谢谢！

凡例

1. 此底本为民国时期的刊本，有个别字，疑为错误，如：“那末”的“末”，“无论是那一种物”的“那”等，为保存其真，未敢遽改。

2. 底本中标点使用不规范现象频出，多用“。”代替“、”“，”“……”“：”等，因不影响阅读，故不作处理，另有其他明显错误，如“‘道德’与‘智能’”单引号应为双引号等，则径改。

3. 底本中的通假字一律保留原貌，不作修改；异体字一律改为正字；繁体字一律改为简体字。

4. 底本中有缺字现象，一律用“□”缺字符代替。

5. 底本中出现“。。”用“○○”代替。

6. 底本中书名凡全称、简称者均加书名号。

7. 为与底本保持一致，内文中标题与目录不统一之处，未进行改动。

8. 此刊本由于出版时间较早，保存时间长，存在短页的现象，虽经多方努力，仍没有办法补全，所幸，就全书整体而言，其收藏、参考、学习价值并没有受到太大的影响。希望有收藏完整者鼎力补全，以裨益当世和后学，使我中华优秀传统文化承传不息。

太极拳讲义

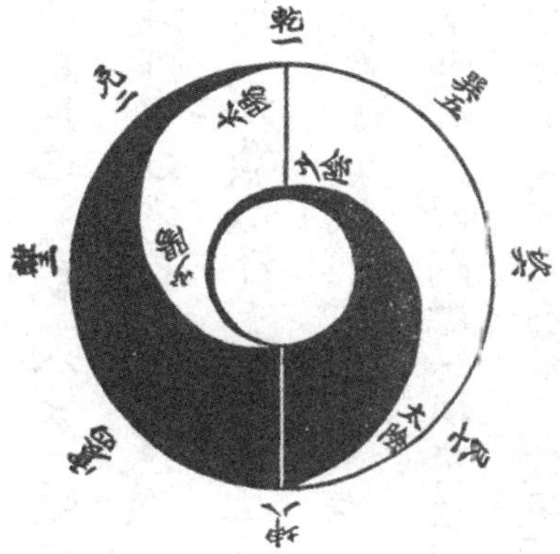

太極拳講義編輯緣起

不佞，習外家拳十易寒暑，雖未中斷，然終無一成。自民十四，始皈依內家，斯時專攻形意，奈羈身軍營，職司財政，以故輒嘗輒止。旋經商於保定，再從軍於開封，遇賈翁，先生名慕騫字蒀高，為當代劍道專家宋世榮先生之高足也；登堂入室，爐火純青。耳提面命者數逾月，方覺茅塞頓開，迥非昔比。先生旋作申江之行，揮淚送別，以期來日；雖聚首數月，頻受訓示，但僅窺一斑耳。回憶曩昔，殊覺愧汗！既經指導之後，始覺今是昨非。民十九隨軍轉戰膠東，遇李芳宸先生；先生為當代劍術名流，噫！我竟有此幸福也。傾談之下，頗受賞識；並賜內家之真諦。未幾，忝列門墻。後先生倡辦國術館於魯；開幕未久，被任重職。二十年夏，先生應召赴贛，因水土不服，致患惡痢；閱月已漸復原。又因東省事變，悲憤填胸！繞室徬徨者累日，以致病又轉劇！先生體壯過人，毫不介意，而病入膏肓，猶不自知也。以醫進則怒！以藥進則覆！時偕隨　韓主席參

太极拳讲义编辑缘起

不佞，习外家拳十易寒暑，虽未中断。然终无一成。自民十四，始皈依内家，斯时专攻形意，奈羁身军营，职司财政，以故辄尝辄止。旋经商于保定，再从军于开封，遇贾翁，先生名慕骞字蕴高，为当代剑道专家宋世荣先生之高足也；登堂入室，炉火纯青。耳提面命者数逾月，方觉茅塞顿开，迥非昔比。先生旋作申江之行，挥泪送别，以期来日；虽聚首数月，频受训示，但仅窥一斑耳。回忆曩昔，殊觉愧汗！即经指导之后，始觉今是昨非。民十九随军转战胶东，遇李芳宸先生；先生为当代剑术名流。噫！我竟有此幸福也。倾谈之下，颇受赏识；并赐内家之真谛。未几，忝列门墙。后先生倡办国术馆于鲁；开幕未久，被任重职。二十年夏，先生应召赴赣，因水土不服，致患恶痢；阅月已渐复原。又因东省事变，悲愤填胸！绕室徬徨者累日，以致病又转剧！先生体壮过人，毫不介意，而病入膏肓，犹不自知也，以医进则怒，以药进则覆！时仍随□韩主席参加軍官訓練。為國痛心！無暇休養，寒勞交迫，病勢驟轉。繼以嘔血下血日數十次；延醫診視，亦弗能為力矣。自知不起，謂曰：『余二十餘年，身經百戰，今國難當前，竟為病累；未能執戈禦侮，以盡天職，深為遺憾！家貧無足重輕，但望爾等（指長子書鵬次子書箴等而言）能自立盡忠報國，繼我未竟之志，所耿耿於心者！老母年高未能終養，實抱無窮之恨！國事結局如何，恐余不及見，若能早息內爭一致對外，我死亦可瞑目……』又囑國術館同人曰：『當此國術進步，正在萌芽之期，望汝等各盡所能，勇猛前進，景林事未竟而身先歿，惟諸位念景林之至誠，完成未了之素志云云』言未畢而氣已淹淹，驟聞此言，搥胸頓足；眼枯無淚！心痛如割！嗚呼！昊天不弔！殄喪吾師！當師之前，立發宏誓。『但願秉承遺志，為提倡國術犧牲奮鬥而死，決不願投機求榮苟延歲月以生。』不幸竟於二十年十二月三日夜十時與世長辭，先生拳劍兩道，神乎其神，可謂已臻上乘。惜我不文，弗克形諸篇幅，此我最大之憾事也！我學未成，我心可表，只有

加军官训练。为国痛心！无暇休养，寒劳交迫，病势骤转。继以呕血下血日数十次；延医诊视，亦弗能为力矣。自知不起，谓曰："余二十余年，身经百战，今国难当前，竟为病累；未能执戈御侮，以尽天职，深为遗憾！家贫无足重轻，但望尔等（指长子书刚次子书箴等而言）能自立尽忠报国，继我未竟之志，所耿耿于心者！老母年高未能终养，实抱无穷之恨！国事结局如何，恐余不及见，若能早息内争一致对外，我死亦可瞑目……"又嘱国术馆同人曰："当此国术进步，正在萌芽之期，望汝等各尽所能，勇猛前进，景林事未竟而身先殁，惟诸位念景林之至诚，完成未了之素志云云。"言宍毕而气已淹淹，骤闻此言。捶胸顿足；眼枯无泪！心痛如割！呜呼！昊天不吊！殄丧吾师！当师之前，立发宏誓。"但愿秉承遗志，为提倡国术牺牲奋斗而死，决不愿投机求荣苟延岁月以生。"不幸竟于二十年十二月三日夜十时与世长辞，先生拳剑两道，神乎其神，可谓已臻上乘。惜我不文，弗克形诸篇幅，此我最大之憾事也——我学未成，我心可表，只有將先生之遺學，循次編輯成帙，以供後學之參考。此書完成於先生之生前，亦可謂不幸中之幸也。書內之姿式解説，盡為先生一世研究內家之結晶，今更加以詳細校正，始出刊問世歟。不佞，夙以提倡國術為志，而草此編，倉卒從事，掛漏必多，尚望海內名家！勿以文字見責，而加指導是幸！

壬申季春清苑田鎮峯謹識

将先生之遗学，循次编辑成帙，以供后学之参考。此书完成于先生之生前，亦可谓不幸中之幸也。书内之姿式解说，尽为先生一世研究内家之结晶；今更加以详细校正，始出刊问世欤。不佞。夙以提倡国术为志，而草此编，仓卒从事，挂漏必多，尚望海内名家！勿以文字见责，而加指导是幸！

壬申季春清苑田镇峰谨识

李　序

太極拳一書，當世著述者頗多，有故神其說者，亦有各執己見者，甚至分門別類意見紛歧，余觀此情狀，時以為憾。故屢年以來，以提倡國術為吾分內之專責，而山東省國術館之設亦藉此原因也。余門人田鎮峯，對於太極一道，研究有年，並能深窺其奧旨，故今有太極拳講義之著作，我一生研究之心得，多賴此子之宣傳。經余審核校正，知彼用意周詳，嘉惠後學之深心為無窮也，其書中註解詳明，余深以為快，人若手此一編，逐日研求，則獲益匪淺，誠國術界之指南針也，闡于太極之真義，已發揮無餘，而我國術前途，又現一片光輝，余舞劍之餘，是為序，

中華民國十九年十二月一日廣川李景林序於山東省國術館內

李序

太极拳一书，当世著述者颇多，有故神其说者，亦有各执己见者，甚至分门别类意见纷歧，余观此情状，时以为憾。故屡年以来，以提倡国术为吾分内之专责，而山东省国术馆之设亦藉此原因也。余门人田镇峰，对于太极一道，研究有年，并能深窥其奥旨，故今有《太极拳讲义》之著作，我一生研究之心得，多赖此子之宣传，经余审核校正，知彼用意周详，嘉惠后学之深心为无穷也，其书中注解详明，余深以为快，人若乎此一编，逐日研求，则获益匪浅，诚国术界之指南针也，关于太极之真义，已发挥无余，而我国术前途，又现一片光辉，余舞剑之余，是为序。

中华民国十九年十二月一日

广川李景林序于山东省国术馆内

太極拳講義序

吾國拳術，由來尚矣！考諸詩云：「無拳無勇，職為亂階」管子云：「於子之屬，有拳勇股肱之力，秀出於衆者，有則以告」即孔氏之門，有若稱似聖人　而幕庭三踴，與壯士之列；其他若季路冉有之倫　咸以武勇致用；此皆吾國古時注重拳術之明證也。漢唐而後，多重文藝而輕武術，致斯道之流傳，入於釋道內外家之徒。習之者非江湖鬻技，即綠林盜寇。間有一二士夫，精斯藝者，又常挾秘訣以自重，不肯輕易傳人。斯術之消沉，幾如廣陵散，而民氣日衰，民體日弱，識者謂：漢世家法，不克靖黃巾之亂；宋世性理，無以禦蒙古之侵。馴至今日，東亞病夫之名，為世羞詬。噫！其言豈過當哉！迺者，政府振興國術，設館專司，各學校均設國術專科，發揚國光，誠盛舉也！余濫長民廳，亟思有以提倡，爰於地方行政人員及區長訓練兩所，各設國技一門。承國術館長李公芳辰，選薦拳術教授，即以田君鎮峯所編太極拳講義，作為教科，俾資練習。余覽而悅

太极拳讲义序

吾国拳术，由来尚矣！考诸诗云："无拳无勇，职为乱阶。"管子云："于子之属，有拳勇股肱之力，秀出于众者，有则以告。"即孔氏之门，有若称似圣人，而幕庭三踊，与壮士之列；其他若季路冉有之伦，咸以武勇致用；此皆吾国古时注重拳术之明证也。汉唐而后，多重文艺而轻武术，致斯道之流传，入于释道内外家之徒。习之者非江湖鬻技，即绿林盗寇。间有一二士夫，精斯艺者，又常挟秘诀以自重，不肯轻易传人。斯术之消沉，几如广陵散，而民气日衰，民体日弱，说者谓：汉世家法，不克靖黄巾之乱；宋世性理，无以御蒙古之侵。驯至今日，东亚病夫之名，为世业诟。噫！其言岂过当哉！迺者，政府振兴国术，设馆专司，各学校均设国术专科，发扬国光，诚盛举也！余滥长民厅，亟思有以提倡，爰于地方行政人员及区长训练两所，各设国技一门。承国术馆长李公芳辰，选荐拳术教授，即以田君镇峰所编《太极拳讲义》，作为教科，俾资练习。余览而悦之！窃考太極拳為武當正宗，法天地自然之理，參太極陰陽之妙，為內家拳術之最平易，而最能發達體育者也。然非田君之研求有素，李公之考核詳明，何以發其精而撮其要，窮其源而溯而流哉！總理有云：『欲恢復我民族之地位，須先恢復我民族固有之「精神」「道德」與「智能」。』余謂太極拳能鍛鍊身體，陶淑心性，即吾民族「精神」之所表現，亦吾民族「道德」與「智能」之所寄託也。所望各學者，研習探討，融會貫通，神而明之，發揚而光大之，庶吾民族尚武之精神，得以復興，而東亞病夫之恥辱可免，則斯編之刊，為不虛矣！因樂而為之序。

中華民國二十年二月　李樹春

之！窃考太极拳为武当正宗，法天地自然之理，参太极阴阳之妙，为内家拳术之最平易，而最能发达体育者也。然非田君之研求有素；李公之考核详明，何以发其精而撮其要，穷其源而溯而流哉！总理有云：“欲恢复我民族之地位，须先恢复我民族固有之‘精神’‘道德’与‘智能’。”余谓太极拳能锻炼身体，陶淑心性，即吾民族“精神”之所表现，亦吾民族“道德”与“智能”之所寄托也。所望各学者，研习探讨，融会贯通，神而明之，发扬而光大之，庶吾民族尚武之精神，得以复兴，而东亚病夫之耻辱可免，则斯编之刊，为不虚矣！因乐而为之序。

中华民国二十年二月 李树春

編者例言

一、本書於民國十九年冬在山東省國術館內完成，余在斯時，前途茫茫……！無暇考正，以故暫出草編；余環境迫人！無可如何！而今日之奮鬥！犧牲！來創設健康實驗學社，就是為這個原因。以我這極微的知識、和很少的經驗，纂集起來，而牠—太極拳講義—也便藉此而誕生！

一、本書以闡揚國術，修養身心，鍛鍊體魄，強壯精神為要旨；以期達到強種救國自衛生存之目的。又為學者便於練習起見，凡書內一切解說，姿勢，動作，竭力求其淺顯，以使學者一目了然。

一、本書注重生理衛生諸學理，與自衛奮鬥競爭生存之概念！以鍛鍊技術立其體，闡明科學致其用；故運用諸法，均是合乎生理之運動。

一、本書之經解，皆王宗岳先師之遺註，惟恐理深意奧，不易了解，故再重加贊述，以

富山承義東印刷局代印

编者例言

一、本书于民国十九年冬在山东省国术馆内完成，余在斯时，前途茫茫……无暇考正，以故暂出草编；奈环境迫人！无可如何！而今日之奋斗——牺牲！来创设健康实验学社，就是为这个原因。以我这极微的知识，和很少的经验，纂集起来，而它——《太极拳讲义》——也便藉此而诞生！

一、本书以阐扬国术，修养身心，锻炼体魄，强壮精神为要旨；以期达到强种救国自卫生存之目的。又为学者便于练习起见，凡书内一切解说，姿势，动作，竭力求其浅显，以使学者一目了然。

一、本书注重生理卫生诸学理，与自卫奋斗竞争生存之概念！以锻炼技术立其体，阐明科学致其用；故运用诸法，均是合乎生理之运动。

一、本书之经解，皆王宗岳先师之遗注，惟恐理深意奥，不易了解，故再重加赘述，以使學者易於領悟。

一、編輯是書時，經李芳辰夫子審查校正；而李公對于太極一道，造詣獨深，又精劍術，每逢指導時，無不傾筐倒篋；故書中之姿式，解說，以及太極拳真義，皆為李公一生之結晶，又經編者詳細注述，尤使同好之參考。

一、本書所云各式之解說用法，僅擇其一端，略加說明，使初學者易於參悟；而太極拳之廣義，非止於此；若以狹義擊技而目之，未免有負此拳之真義！

一、此拳無男女老幼之別，無短衣擇地之戒；習之既久，自可强身健腦。填精補髓，有百益而無一害。蓋健全之精神，恒寓於健全身體之中，凡我同胞，豈可忽視哉？若以此拳為强身必須之資料，久之，自可隨心所欲，樂趣叢生！

一、編者學識謭陋，囿於見聞，此拳之神妙，惟恐掛一漏萬，又因倉卒付印，而疏忽錯訛之處，在所不免；甚願海內賢達，不吝賜教，則不勝馨香祝禱！而跂望之！

使学者易于领悟。

一、编辑是书时，经李芳辰夫子审查校正；而李公对于太极一道，造诣独深，又精剑术，每逢指导时，无不倾筐倒箧；故书中之姿式，解说，以及太极拳真义，皆为李公一生之结晶，又经编者详细注述，尤便同好之参考。

一、本书所云各式之解说用法，仅择其一端，略加说明，使初学者易于参悟；而太极拳之广义，非止于此；若以狭义击技而目之，未免有负此拳之真义！

一、此拳无男女老幼之别，无短长择地之戒；习之既久，自可强身健脑。填精补髓，有百益而无一害。盖健全之精神，恒寓于健全身体之中，凡我同胞，岂可忽视哉？若以此拳为强身必须之资料，久之，自可随心所欲，乐趣丛生！

一、编者学识谫陋，囿于见闻，此拳之神妙，惟恐挂一漏万，又因仓卒付印，而疏忽错讹之处，在所不免；甚愿海内贤达，不吝赐教，则不胜馨香祝祷！而跂望之！

目次以前的幾項

太極拳講義目次

富山縣義東印刷局代印

目次以前的几项

太极拳讲义目次

卷頭語

宇宙間無論是那一種物，或是那一種學理，都有牠的意義在。那末，我們不管對於什麼東西，總該去追求牠的意義，研究牠的本末；我們才有相當的裨益；那被追求的東西，也才得有進步。假若我們對於各樣物類，各項事理，不加以思索，不發生絲毫的心得，我們便是無意識的人；也便失去萬物之靈的美稱了！

在過去的社會間，國術一項，因受着重文輕武政策的影響，總是被深深沈默支配着，國術在史書上很難見有國術的記載；就連在一般學者頭腦裏，心目中，簡直沒有絲毫國術的印象。所以從前練習拳術的人們，大半都是不學無術的老粗；若想在國術界裏，拜訪幾位所謂文武兼備，了解拳理的同志，真如鳳毛麟角一樣的稀罕！

到了現在，提倡國術，發揚國光的聲浪，幾震遍全國的時光，雖有少許武界的先知先覺，要想開拓國術知識的領域，闡揚此道的精華；然而結果卻很不容易獲得滿足的成

卷头语

宇宙间无论是那一种物，或是那一种学理，都有它的意义在。那末，我们不管对于什么东西，总该去追求它的意义，研究它的本末；我们才有相当的裨益；那被追求的东西，也才得有进步。假若我们对于各样物类，各项事理，不加以思索，不发生丝毫的心得，我们便是无意识的人；也便失去万物之灵的美称了！

在过去的社会间，国术一项，因受着重文轻武政策的影响，总是被深深沉默支配着，固然在史书上很难见有国术的记载；就连在一般学者头脑里，心目中，简直没有丝毫国术的印象，所以从前练习拳术的人们，大半都是不学无术的老粗；若想在国术界里，拜访几位所谓文武兼备，了解拳理的同志，真如凤毛麟角一样的稀罕！

到了现在，提倡国术，发扬国光的声浪，几震遍全国的时光，虽有少许武界的先知先觉，要想开拓国术知识的领域，阐扬此道的精华；然而结果却很不容易获得满足的成續，這不用說是因為關於國術的參考書籍太少了。即使去向大名鼎鼎的老拳師們探討國術的真理，他們也是回答不出所以然來。例如國術與心理學，生理學，病理學，軍事學的作用，與各種科學的關係及其精義，他們號稱拳師的諸先進，固然莫知其詳，甚至詢問某種拳術名稱的由來和各式之要点，他們也是啞然無對者居多！

這樣看來。難怪國術不容易得到社會上流階級的重視；原來國術的本身，既少有歷史的根據；又沒有正確的理論產出，縱然在中國許多舊小說上，或文人的筆記中，可以覓得一点關於拳勇的記載；然而多半是非科學的無稽者的誇張之說；並且還是充滿了神話的虛幻之談；越使得有知識的人們，不願向此道問津。於是國術的命運，也便越趨向於危厄了！險乎埋沒了牠光榮可貴的本質和偉大的靈魂！

幸而牠—國術—到處已遺留下破碎的尸骸。彷彿能常從牠毀滅將盡的靈魂的口裏，吶喊出求救之悲聲；訴說國術與中華種族存亡有密切的關係；若不把牠尊重起來，就等

绩，这不用说是因为关于国术的参考书籍太少了。即使去向大名鼎鼎的老拳师们探讨国术的真理，他们也是回答不出所以然来。例如国术与心理学，生理学，病理学，军事学的作用，与各种科学的关系及其精义，他们号称拳师的诸先进，固然莫知其详，甚至询问某种拳术名称的由来和各式之要点，他们也是哑然无对者居多！

这样看来。难怪国术不容易得到社会上流阶级的重视；原来国术的本身，既少有历史的根据；又没有正确的理论产出，纵然在中国许多旧小说上，或文人的笔记中，可以觅得一点关于拳勇的记载；然而多半是非科学的无稽考的夸张之说；并且还是充满了神话的虚幻之谈；越使得有知识的人们，不愿向此道问津。于是国术的命运，也便越趋向于危厄了！险乎埋没了它光荣可贵的本质和伟大的灵魂！

幸而它——国术——到处已遗留下破碎的尸骸。仿佛能常从它毁灭将尽的灵魂的口里，呐喊出求救之悲声；诉说国术与中华种族存亡有密切的关系；若不把它尊重起来，就等於不尊重國家。因為牠—國術—的確是我們中國的靈魂。

那麼，我們提倡國術者，既擔負著强種救國的使命，懷抱着全民衆均國術化的希冀，就該把我們平日所研究的心得，用科學方法，編著出書來，供諸熱心國術的同胞，作鍛練的參考。不管我們所建樹的理論，是否有相當價值，所搜集的材料曾否完備；我們總要鼓起一萬二千分的勇氣，大膽的印出來，恭請四海名流，予以不客氣的批評和指導！

至於我們何以要先編太極拳；而不先編其他的拳術，並非我們持有宗派門戶的偏見；實因此拳一舉一動一進一退，都含有很深的哲理在。從實際的功效上說起來：太極拳，也算是修心養性。增長智慧，健强體魄的唯一好方法，但恐學者不易領悟其奥妙，所以我提倡國術的編輯初步工作，先從事於太極拳的研究，然後再繼續編著其他拳術和器械；這是我須要向讀者聲明的。

哦—太極拳講義竟然產生了—哈哈—鍛練國術的同志呀！你們既也是號稱萬物之靈

于不尊重国家。因为它——国术——的确是我们中国的灵魂。

那么，我们提倡国术者，既担负着强种救国的使命，怀抱着全民众均国术化的希冀，就该把我们平日所研究的心得，用科学方法，编著出书来，供诸热心国术的同胞，作锻练的参考。不管我们所建树的理论，是否有相当价值，所搜集的材料曾否完备；我们总要鼓起一万二千分的勇气，大胆的印出来，恭请四海名流，予以不客气的批评和指导！

至于我们何以要先编太极拳，而不先编其他的拳术，并非我们持有宗派门户的偏见；实因此拳一举一动一进一退，都含有很深的哲理在。从实际的功效上说起来：太极拳，也算是修心养性。增长智慧，健强体魄的唯一好方法，但恐学者不易领悟其奥妙，所以我提倡国术的编辑初步工作，先从事于太极拳的研究，然后再继续编著其他拳术和器械；这是我须要向读者声明的。

哦！《太极拳讲义》竟然产生了！哈哈！锻炼国术的同志呀！你们既也是号称万物之灵

的人，你們至少總該對於本身最感有興趣的國術，下一番追究真理的苦功，決不宜糊糊不清的呆練一世；以致引起知識界的反感；而使至寶至尊的國術，不易普及；那便是我們國術同志搗毁自己的立場呀！

的人，你们至少总该对于本身最感有兴趣的国术，下一番追究真理的苦功；决不宜模糊不清的呆练一世；以致引起知识界的反感；而使至宝至尊的国术，不易普及；那便是我们国术同志捣毁自己的立场呀！

我對於拳術領會的幾點供獻於讀者

編者

學拳往往自矜聰明，謂他人之拳，一見即會，不知一見即會，再見則不會矣；豈知拳理深奧，非皮膚間能可形容者，必須虛心受人，時無間斷，久之自可豁然貫通。

練拳總以『發憤忘食，樂以忘憂，不知老之將至』之概念！時常存於腦海，不憂藝術不高人矣。既是一位拳術家，宜心領神會，博聞廣見，作正大事業，不可持藝為非，當以豪傑自命！以聖賢為法！如此才不愧為人之師。

初學拳時，宜整頓身法，注重步眼，不可說先記住大概，練熟時仔細再正，其實再正終不正矣；古云：『蒙以養正』良言也。

學會拳術，宜以涵養為主，舉動間要心平氣和，不可令腐儒輩知，惟恐引今道古，說出許多疵謬無相干的話來，以致打消吾們的性趣；必須鄭重其事，精益求精，明其理，傳其神，顧其名，思其形，方能領微入妙，萬不可向人前賣弄精神！誇張技藝。

我对于拳术领会的几点供献于读者

编者

学拳往往自矜聪明，谓他人之拳，一见即会，不知一见即会，再见则不会矣；岂知拳理深奥，非皮肤间能可形容者，必须虚心受人，时无间断，久之自可豁然贯通。

练拳总以“发愤忘食，乐以忘忧，不知老之将至”之概念！时常存于脑海，不忧艺术不高人矣。既是一位拳术家，宜心领神会，博闻广见，作正大事业，不可持艺为非，当以豪杰自命！以圣贤为法！如此才不愧为人之师。

初学拳时，宜整顿身法，注重步眼，不可说先记住大概，练熟时仔细再正，基实再正终不正矣；古云“蒙以养正”良言也。

学会拳术，宜以涵养为主，举动间要心平气和，不可令腐儒辈知，惟恐引今道古，说出许多疵谬无相干的话来，以致打消吾们的性趣；必须郑重其事，精益求精，明其理，传其神，顾其名，思其形，方能领微入妙，万不可向人前卖弄精神！夸张技艺。

非在不得已時，不可與人交手；與人交手，先有奪人之氣；故交手時，攔其手，謂之頭門；制其肘，謂之二門；截其膀根，謂之三門；每一出手，應先制其膀根，是謂登堂入室。切記！停頓時宜沉着加力，轉關處宜活潑隨機。

練拳總以用功為主；力是自然之力，不可勉强加力；一身血氣周流，方能渾元一氣；氣由背發，自後而前，由膻中過來，自下而上，再由咽喉自上而下，兩肩一塌，兩肘一沉，兩脇一束，氣自擎於中宮，則不至胸中無物矣，『先空洞然後才可有物』此即所謂中氣。只可以意知之，以神會之，若必執求其模樣若何，形跡若何，則滯矣！而且得病匪淺！

未交手必先聚氣，氣由腰後發，而收於前，；背為陽，腹為陰，陽氣上升，陰氣下降，陰陽相交，入于丹田，此謂一氣。前進時，下氣往上冲，上氣往下降，納於臍之上心之下，上身往下一坐，氣自聚於中宮，此謂二氣。臨落點時，仍嫌力有不足，再將週身

非在不得已时，不可与人交手；与人交手，先有夺人之气；故交手时，拦其手，谓之头门；制其肘，谓之二门；截其膀根，谓之三门；每一出手，应先制其膀根，是谓登堂入室。切记！停顿时宜沉着加力，转阕处宜活泼随机。

练拳总以用功为主，力是自然之力，不可勉强加力；一身血气周流，方能浑元一气；气由肾发，自后而前，由膻中过来，自下而上，再由咽喉自上而下，两肩一塌，两肘一沉，两胁一束，气自擎于中宫，则不至胸中无物矣，"先空洞然后才可有物"此即所谓中气。只可以意知之，以神会之，若必执求其模样若何，形迹若何，则滞矣！而且得病匪浅！

未交手必先聚气，气由腰后发，而收于前；背为阳，腹为阴，阳气上升，阴气下降，阴阳相交，入于丹田，此谓一气。前进时，下气往上冲，上气往下降，纳于脐之上心之下，上身往下一坐，气自聚于中宫，此谓二气。临落点时，仍嫌力有不足，再将周身骨節一束，『名之曰儒』此謂三氣。三氣相合，故名之曰渾元一氣；譬如砲煞，捲得愈緊，響得愈有力。初用功時，必先學聚氣；功力熟時，自能合一。柔則過氣，剛則落點。

初學拳，切勿猛進！戒求速，忌用力；故拳道專家嘗云：『無力努力傷血，不速求速傷氣，』氣血兩傷，則必危機肇臨！有力何由施哉？

初學拳，最難懂的就是虛實；例如：出手時，某手為虛，某手為實；某臂為虛，某臂為實；偶或兩手同時打出，亦要分清虛實；雖然形勢上同時打出，而意念中亦須分清虛實；不要認為很微小的地方，毫不加以顧慮！那就完全錯誤了！偶染同時之病，就是雙重之病；雙重為太極拳最大之病！

在練習的時候，切記！存神上丹田（大腦）納氣下丹田（臍下三寸）尤須用腦力，（腦即神之舍）用思想力，然後方可收效。而太極拳與其他拳術不同的地方，就是在練習時能存神，能納氣；其實太極拳的架式，與他種拳術比較，到沒有多大差別。若是只知道

骨节一束，“名之曰尽”此谓三气。三气相合，故名之曰浑元一气；譬如炮然，卷得愈紧，响得愈有力。初用功时，必先学聚气；功力熟时，自能合一。柔则过气，刚则落点。

初学拳，切勿猛进！戒求速，忌用力；故拳道专家尝云：“无力努力伤血，不速求速伤气。”气血两伤，则必危机肇临！有力何由施哉？

初学拳，最难懂的就是虚实。例如：出手时，某手为虚，某手为实；某臂为虚，某臂为实；偶或两手同时打出，亦要分清虚实；虽然形势上同时打出，而意念中亦须分清虚实；不要认为很微小的地方，毫不加以顾虑！那就完全错误了！偶染同时之病，就是双重之病；双重为太极拳最大之病！

在练习的时候，切记！存神上丹田（大脑）纳气下丹田（脐下三寸）尤须用脑力，（脑即神之舍）用思想力，然后方可收效。而太极拳与其他拳术不同的地方，就是在练习时能存神，能纳气；其实太极拳的架式，与他种拳术比较，到没有多大差别。若是只知道

練習，不加以研究，恐怕呆練一世，也不過是個平淡的拳師！絕得不到相當的效果，

有人說：『太極拳只能養生，不能實用』我想說這話的人，他絕對未向太極拳有一次的問津；亦不必怪他，最好請他實地的試驗一次，他就知道此拳之寶貴了。而太極拳每一舉動都有一個圓圈，又可以說是一個圓圈將一趟太極拳組成；雖然在練的時候不注重攻擊，招架，然而到了用的時候懂亦可以說全體都是攻擊，招架；若以某勢作如何解說，如何作用，這免未有些錯誤，並且將太極拳的範圍給縮小了！『雖然本書微微對於姿式上贅述了幾句解說。然而也就是不得不如此，並非是編者真正的本意！』其實太極拳何嘗不能應敵呢？『不過對於太極拳沒有研究的人，他完全不懂罷了！』真若用牠——太極拳——為捍敵之工具，並且更能超出其他拳術數倍之上。（這是編者實際研究出來的）

我（編者）在學少林拳的時期，老師嘗說：『每逢練拳的時候，總是想着前面無人似有人，用一種想像的攻擊招架。』而太極拳則不然——不但不去想像，並且時刻存着一念

练习，不加以研究！恐怕呆练一世，也不过是个平淡的拳师！绝得不到相当的效果。

有人说：“太极拳只能养生，不能实用。”我想说这话的人，他绝对未向太极拳有一次的问津；亦不必怪他，最好请他实地的试验一次，他就知道此拳之宝贵了。而太极拳每一举动都有一个圆圈，又可以说是一个圆圈将一蹚太极拳组成；虽然在练的时候，不注重攻击，招架，然而到了用的时候懂亦可以说全体都是攻击，招架；若以某势作如何解说，如何作用，这免未有些错误，并且将太极拳的范围给缩小了！“虽然本书微微对于姿式上赘述了几句解说。然而也就是不得不如此，并非是编者真正的本意！”其实太极拳何尝不能应敌呢？“不过对于太极拳没有研究的人，他完全不懂罢了！”真若用它——太极拳——为挫敌之工具，并且更能超出其他拳术数倍之上。（这是编者实际研究出来的）

我（编者）在学少林拳的时期，老师常说：“每逢练拳的时候，总是想着前面无人似有人，用一种想像的攻击招架。”而太极拳则不然——不但不去想像，并且时刻存着一念空洞，而中間只有一意存焉；既無想像招架之念，當然週身自能輕鬆靈活，不但練習時與他種拳術不同，就是應用的時候也與其他拳術大相差異；而其他拳術之應敵，多以側身寬步為秘訣，因側身可減少敵方攻擊之目標，並能增加出手之長度，其實也很近於拳理，而太極拳則不然了！每逢應用，惟恐敵方不來加攻，所以全體亦不加以掩護，尤更無預先之準備。其毫無戒備與不加寬步之原因，則內勁充足下節穩固之故也。只要內勁充足，下節穩固，輕鬆靈活，出手迅速，敵之力何由施哉？

太極拳增力之效率，實較他拳超出數倍，例如：現在我（編者）每一趟拳可練四十分鐘，而氣質神色亦無絲毫之改變，練完之後，如沐浴然！『此種快樂，非箇中人弗能知也。』雖身體疲之，而精神上絕無痛苦。在我學外家拳時。與現在比較起來，大有天地懸殊之慨！在那練少林拳的時候，練不到五分鐘，就不能支持，練完之後，癱的那口氣，真有說不出來的一種痛苦！恨不能立刻剖開肚腹，將內裏的氣一鼓勁放出來才覺着痛

空洞，而中间只有一意存焉；既无想像招架之念，当然周身自能轻松灵活，不但练习时与他种拳术不同，就是应用的时候也与其他拳术大相差异；而其他拳术之应敌，多以侧身宽步为秘诀，因侧身可减少敌方攻击之目标，并能增加出手之长度，其实也很近于拳理，而太极拳则不然了！每逢应用，惟恐敌方不来加攻，所以全体亦不加以掩护，尤更无预先之准备。其毫无戒备与不加宽步之原因，则内劲充足下节稳固之故也。只要内劲充足，下节稳固，轻松灵活，出手迅速，敌之力何由施哉?

太极拳增力之效率，实较他拳超出数倍，例如：现在我（编者）第一蹚拳可练四十分钟，而气质神色亦无丝毫之改变，练完之后，如沐浴然！“此种快乐，非个中人弗能知也。”虽身体疲乏，而精神上绝无痛苦。在我学外家拳时。与现在比较起来，大有天地悬殊之慨！在那练少林拳的时候，练不到五分钟，就不能支持，练完之后，憋的那口气，真有说不出来的一种痛苦！恨不能立刻剖开肚腹，将内里的气一鼓劲放出来才觉着痛快！然而實際上焉能作得到呢？所以『不速求速傷氣』傷氣就是傷神！有許多的拳師，愈老愈不能致用，就是這種的原因；並且他們愈老身體愈孱弱，是人人都可覺察出來的！而『老當益壯』這句話，更是他們無法解決！無法回答的一件難題了！

太極拳，固然以沉實穩重舉動輕靈為主；可是穩重決不是樁步，若是專心去練習樁步，很沒有多大益處；設若就是栽一個木樁，也極容易打倒，何況是兩條腿？而太極拳着力不倒之原因，全在輕靈懂力；然而下部必須沉實，兩腳亦必須抓地；『只要每一呼吸之中，都注意到丹田，則下部必定沉實。』而輕靈懂力，完全由於腰腿靈活求之，靈活係由柔軟而得來。對敵時，能將敵方之力引向空處，再加以微勁擊之，則必應手而仆矣。

初步學拳，切記萬不可立求速效，而一般拳師，善以迎合學者的心理為太能，並且他很盼望你早日學會，以便表示他教人的成績；『這還算是上等的拳師』其實如此教人，

快！然而实际上焉能作得到呢？所以“不速求速伤气”。伤气就是伤神！有许多的拳师，愈老愈不能致用，就是这种的原因；并且他们愈老身体愈孱弱，是人人都可觉察出来的！而“老当益壮”这句话，更是他们无法解决！无法回答的一件难题了！

太极拳，固然以沉实稳重举动轻灵为主：可是稳重决不是桩步，若是专心去练习桩步，很没有多大益处；设若就是栽一个木桩，也极容易打倒，何况是两条腿？而太极拳着力不倒之原因，全在轻灵懂力；然而下部必须沉实，两脚亦必须抓地；“只要每一呼吸之中，都注意到丹田，则下部必定沉实。”而轻灵懂力，完全由于腰腿灵活求之，灵活系由柔软而得来。对敌时，能将敌方之力引向空处，再加以微劲击之，则必应手而仆矣。

初步学拳，切记万不可立求速效，而一般拳师，善以迎合学者的心理为本能，并且他很盼望你早日学会，以便表示他教人的成绩；“这还算是上等的拳师”，其实如此教人，則有害無益，誤人匪淺也！我（編者）對於教人一項 已下了數年的功夫去專心研究，直到現在，很領會出來許多教授人的方法。如教人時，若想使其速成極易，欲使緩學則難！因為欲使學者速成，必須多教勢子；若使學者緩學，則未免特難了！難從何來？（1）對於提倡拳術，要有整個的計劃。（2）須有相當的知識，參照諸學理的論理；研究一種教授法，以使學者易於領悟。（3）每一姿式，必根據生理解剖作詳細之解說。（4）使學者明瞭精神之作用，以及氣之表現。」

我這不過隨意的寫上幾項，以作拳師教授人的標準。若依照我的意見去教人，是問學者的進度焉能很快了呢？由此足見教人緩學之難了。而多數的拳師，很盼望你愈學快愈好，他惟恐學者領教他姿式的意義，故此他才敷衍了事的向快裏去教。

我在河南遇了兩位專門太極的拳師，又是陳家溝子的嫡派，在他練拳每手放出之勁，必定咚咚有聲，並且每手所發之勁，均皆中斷；若是未在太極拳上下過幾天研究的人，则有害无益，误人匪浅也！我（编者）对于教人一项，已下了数年的功夫去专心研究，直到现在，很领会出来许多教授人的方法。如教人时，若想使其速成极易，欲使缓学则难！因为欲使学者速成，必须多教势子；若使学者缓学，则未免特难了！难从何来？（1）对于提倡拳术，要有整个的计划。（2）须有相当的知识，参照诸学理的论理，研究一种教授法，以使学者易于领悟。（3）每一姿式，必根据生理解剖作详细之解说。（4）使学者明了精神之作用，以及气之表现。

我这不过随意的写上几项，以作拳师教授人的标准。若依照我的意见去教人，是问学者的进度焉能很快了呢？由此足见教人缓学之难了。而多数的拳师，很盼望你愈学快愈好，他惟恐学者领教他姿式的意义，故此他才敷衍了事的向快里去教。

我在河南遇了两位专门太极的拳师，又是陈家沟子的嫡派，在他练拳每手放出之劲，必定咚咚有声，并且每手所发之劲，均皆中断；若是未在太极拳上下过几天研究的人，必定說他很有功夫，其實他的純功總有十年之久，不過是不能臨敵應用罷了；後來我竭力與他更正姿式，然而總是不能退了他的拙力，這誤入歧途之害，由此足見一斑了！

若想在拳術上加一番研究，必須打破信仰拳之宗派的觀念！否則？必有嫉妒仇視之虞—而我國的拳術，發源最古，不一定盡是傳自達摩張三丰岳飛（亦有託言傳自趙匡胤彌勒佛）等人，這不過在拳術的本身加一番粉飾而已，甚或多有傳自一位很有創造能力的拳師，而他—能創造的拳師—皆因個人沒有多大的聲望，故此他才請出一位死去有名的替代者（即所謂祖師）來與他幫忙職掌門户，大概在已往着名的拳師，都有這種的習慣性；而他那託名的祖師，何嘗不是一個人呢？不過他—祖師—所作的事業，決不是空想僥倖成功的！因他秉個人之正氣—具大無畏之精神！在他『祖師』的理想中，焉能請出一位入墓的人來替他做假招牌呢？又可以說，他—祖師—一生的作為，自覺無愧，所以到了他脫離人的關係以後，他才成了一位慈愛的真神！其實祖師這個名義，不是他自己的官

必定说他很有功夫，其实他的纯功总有十年之久，不过是不能临敌应用罢了；后来我竭力与他更正姿式，然而总是不能退了他的拙力，这误入歧途之害，由此足见一斑了！

若想在拳术上加一番研究，必须打破信仰拳之宗派的观念！否则？必有嫉妒仇视之虞——而我国的拳术，发源最古，不一定尽是传自达摩张三丰岳飞（亦有托言传自赵匡胤弥勒佛）等人，这不过在拳术的本身加一番粉饰而已，甚或多有传自一位很有创造能力的拳师，而他——能创造的拳师——皆因个人没有多大的声望，故此他才请出一位死去有名的替代者（即所谓祖师）来与他帮忙职掌门户，大概在已往着名的拳师，都有这种的习惯性；而他那托名的祖师，何尝不是一个人呢？不过他——祖师——所作的事业，决不是空想侥幸成功的！因他秉个人之正气——具大无畏之精神！在他“祖师”的理想中，焉能请出一位入墓的人来替他做假招牌呢？又可以说，他——祖师——一生的作为，自觉无愧，所以到了他脱离人的关系以后，他才成了一位慈爱的真神！其实祖师这个名义，不是他自己的官術，亦不是他自己的混號，是他死了以後大家贈給他的。而吾們也可用那鐵血的意志—和大無畏的精神！去支配一生的事業，何必去借重死人的力量，我（編者）相信你「請頂替的拳術家」只要能如此的犧牲！如此的奮鬥！決保你也是未來的一位真神—祖師！

衔，亦不是他自己的混号，是他死了以后大家赠给他的。而吾们也可用那铁血的意志！和大无畏的精神！去支配一生的事业，何必去借重死人的力量，我（编者）相信你“请顶替的拳术家”只要能如此的牺牲！如此的奋斗！决保你也是未来的一位真神——祖师！

第三章　太極拳源流略述

老子曰：『天下之至柔，馳騁天下之至堅』夫太極拳者，乃至柔之道也。孟子曰：『吾善養吾浩然之氣，』其氣蓄於背，充溢於四肢百骸。而太極拳者亦純練氣之道也。孟子之道，本於孔子；孔子嘗問道於老聃，足徵太極拳法源於李耳，（即老子）法於亞聖，延至唐代許宣平，及李道子。考許氏係江南徽州府歙縣人。隱城陽山，即本府城南紫陽山；結簷南陽辟穀。身長七尺六，髯長至臍，髮長至足，行及奔馬；每負薪賣於市，獨吟曰：『負薪朝出賣，沽酒日夕歸；借問家何處，穿雲入翠微。』李白訪之不遇，題詩望仙橋而回。所練太極拳之功，拳名三十七，因三十七式而名之；又名長拳者，所云滔滔無間也。總名太極拳三十七式。而李氏，亦產於長江流域。祖籍安慶與許氏同時人也。或云李氏活至數千年。於宋時與游酢莫逆，至明代，嘗居武當山南岩宮。不火食第啖麥麩數合，此恐神奇之談。蓋以史册實無所稽，當以論為唐時人者為然耳。由許李二氏斷續

第三章　太极拳源流略述

老子曰："天下之至柔，驰骋天下之至坚。"夫太极拳者，乃至柔之道也。孟子曰："吾善养吾浩然之气。"其气盎于背，充溢于四肢百骸。而太极拳者亦纯练气之道也。孟子之道，本于孔子；孔子曾问道于老聃，足徵太极拳法源于李耳（即老子）法于亚圣，延至唐代许宣平，及李道子。考许氏系江南徽州府歙县人。隐城阳山，即本府城南紫阳山；结檐南阳辟谷。身长七尺六，髯长至脐，发长至足，行及奔马；每负薪卖于市，独吟曰："负薪朝出卖，沽酒日夕归；借问家何处，穿云入翠微。"李白访之不遇，题诗望仙桥而回。所练太极拳之功，拳名三十七，因三十七式而名之；又名长拳者，所云滔滔无间也。总名太极拳三十七式。而李氏，亦产于长江流域。祖籍安庆与许氏同时人也。或云李氏活至数千年。于宋时与游醋莫逆，至明代，常居武当山南岩宫。不火食第啖麦麸数合，此恐神奇之谈。盖以史册实无所稽，当以论为唐时人者为然耳。由许李二氏断续相傳，至宋武當丹士張三手—張氏原籍遼東懿州人，名全一，一名通，又名君實，字元元，號三丰，又號昆陽。因其不修邊幅，故時人呼之謂張邋遢。生有異質，龜形鶴背，大耳圓目，鬚髯如戟。身長七尺，身一衲一簑，雖寒暑而不少變。每食甚巨，或竟日不進飲食，儘吃水菓而已，書經目不忘，喜嬉諧，游處無恆，嘗遊武當（在湖北境）諸岩壑，語人曰：（此山異日必大興。）時五龍、南岩、紫霄，俱毀於兵，三丰與其徒去荊榛，瓦礫，創草廬居之。徽宗召之，道梗不得進。金人入寇，曾以單丁殺金兵五百餘人。陝西人民慕其勇，從學者數十百人。傳百餘年至元世祖時，西安人王宗岳得其傳，名聞海內。著有—太極拳論，太極拳經，行功心解。搭手歌，總勢歌等書。溫州陳州同從學宗岳，由此太極拳之術則傳入溫州，又百餘年至明嘉靖時則以張松溪為最著。張松溪浙江鄞縣人，師孫十三老。松溪為人，恂恂如儒者，遇人恭敬，身不勝衣：人求其術輒遜謝避去。時少林僧以拳勇名天下，值倭奴亂，當局者召僧擊之，有僧七十輩，聞松溪名，

相传，至宋武当丹士张三丰——张氏原籍辽东懿州人，名全一，一名通，又名君宝，字元元，号三丰，又号昆阳。因其不修边幅，故时人呼之谓张邋遢。生有异质，龟形鹤背，大耳圆目，须髯如戟。身长七尺，身一袖一蓑，虽寒暑而不少变。每食甚巨，或竟日不进饮食，尽吃水果而已，书经目不忘，喜嬉谐，游处无恒，常游武当（在湖北境）诸岩壑，语人曰：此山异日必大兴。时五龙，南岩，紫霄，俱毁于兵，三丰与其徒去荆榛，瓦砾，创草卢居之。徽宗召之，道梗不得进。金人入寇，曾以单丁杀金兵五百余人。陕西人民慕其勇，从学者数十百人。传百余年至元世祖时，西安人王宗岳得其传，名闻海内，著有《太极拳论》《太极拳经》《行功心解》“搭手歌”“总势歌”等书（注：“搭手歌”与“总势歌”为歌诀）。温州陈州同从学宗岳，由此太极拳之术则传入温州，又百余年至明嘉靖时则以张松溪为最著。张松溪浙江鄞县人，师系十三老。松溪为人，恂恂如儒者，遇人恭敬，身不胜衣；人求其术辄逊谢避去。时少林僧以拳勇名天下，值倭奴乱，当局者召僧击之，有僧七十辈，闻松溪名，至鄠縣求見，松溪蔽匿不出，少年從恿之，試一往；見諸僧方校技酒樓上，忽失笑，僧知其松溪也，遂求試。松溪曰：『必欲試，須召里正約，死無問。』僧許之，松溪袖手坐，一僧跳躍來蹴，松溪稍側身，舉手送之，其僧如飛丸隕空，墜重樓下幾斃，衆僧始駭服而散。後常與諸少年入城，諸少年閧之月城中，羅拜曰：『今進退無所，幸一試之。』松溪不得已，乃使諸少年舉圜石可數百斤者累之。謂曰：『吾七十老人，無所用試，供諸君一笑可乎？』言畢，舉手側而劈之，三石皆分為兩。松溪之徒三人，四明，葉繼美字近泉。王皋，李化南；而近泉則獨優。四明從近泉學者，吳崑山，周雲泉，單思南，陳貞石，孫繼槎等人。吳崑山傳李天目，徐岱岳，李天目傳余時仲，吳七郎，陳茂宏。周雲泉傳盧紹岐。陳貞石傳董扶輿，夏枝溪。孫繼槎傳柴元胡。姚石門，僧耳，僧尾。而思南之傳，則王征南，思南從征關白，歸老於家，以其術授人，然精微所在，亦深自秘惜；掩関而習，學者皆不得見。征南從樓上穴板窺之，得梗概。思南子不肖，思南自傷

至鄞县求见，松溪蔽匿不出，少年怂恿之，试一往；见诸僧方校技酒楼上，忽失笑，僧知其松溪也，遂求试。松溪曰：“必欲试，须召里正约，死无问。”僧许之，松溪袖手坐，一僧跳跃来蹴，松溪稍侧身，举手送之，其僧如飞丸陨空，坠重楼下几毙，众僧始骇服而散。后常与诸少年入城，诸少年闭之月城中，罗拜曰：“今进退无所，幸一试之。”松溪不得已，乃使诸少年举圆石可数百斤者累之。谓曰：“吾七十老人，无所用试，供诸君一笑可乎？”言毕，举手侧而劈之，三石皆分为两。松溪之徒三人，四明，业继美字近泉。王皋，季化南；而近泉则独优。四明从近泉学者，吴崐山，周云泉，单思南，陈贞石，孙继槎等人。吴崐山传李天目，徐岱岳，李天目传余时仲，吴七郎，陈茂宏。周云泉传卢绍岐。陈贞石传董扶兴，夏技溪。孙继槎传柴元胡。姚石门，僧耳，僧尾。而思南之传，则王征南，思南从征关白，归老于家，以其术授人，然精微所在，亦深自秘惜；掩关而理，学者皆不得见。征南从楼上穴板窥之，得梗概。思南子不肖，思南自伤身後，莫之經濟。征南聞之，以銀卮數器奉為美櫝之資，思南感其意，始盡以不傳者傳之。征南為人機警，得傳之後，絕不露圭角，非甚困則不發。

王征南明末人，名來咸，少時隸盧海道若騰。海道較藝給糧，征南當兼數人，直詣行部，征南七矢破的，補臨山把總。錢忠介公建國，以中軍統營事，屢立戰功，授都督僉事副總兵官。事敗猶與華兵部勾結島人，藥書往復，兵部受禍，仇首未懸。征南終身菜食。以明其志，識者哀之。當征南之從戎時。嘗夜出偵事，為守兵所獲，反接廊柱，數十人轟飲守之，征南拾碎磁偷割其縛，探懷中銀望空而擲，數十人爭攫，征南遂免出，數十人追之，皆踣地匍匐不能起；行數里，迷道田間，守者以為賊，聚眾圍之。征南所向，則無不受傷。歲暮獨行，遇營兵七八人，挽之負重，征南苦辭求免，不聽，征南至橋上，棄其負，營兵拔刀擬之，征南手格而營兵自擲仆地，鏗然刀墮，如是者數人。最後取其刀投井中，營兵索梗出刀，而征南已去遠矣。征南搏人，皆以其穴。有死穴，暈穴

身后，莫之经济。征南闻之，以银卮数器奉为美椟之资，思南感其意，始尽以不传者传之。征南为人机警，得传之后，绝不露圭角，非甚困则不发。

王征南明末人，名来咸，少时隶卢海道若腾。海道较艺给粮，征南当兼数人，直诣行部，征南七矢破的，补临山把总。钱忠介公建国，以中军统营事，屡立战功，授都督佥事副总兵官。事败犹兴华兵部勾结岛人，药书往复，兵部受祸，仇首未悬。征南终身菜食。以明其志，识者哀之。当征南之从戎时。常夜出侦事，为守兵所获，反接廊柱，数十人轰饭守之，征南拾碎磁偷割其缚，探怀中银望空而掷，数十人争攫，征南遂免出，数十人追之，皆踣地匍匐不能起；行数里，迷道田间，守者以为贼，聚众围之。征南所向，则无不受伤。岁暮独行，遇营兵七八人，挽之负重，征南苦辞求免，不听，征南至桥上，弃其负，营兵拔刀拟之，征南手格而营兵自掷仆地，铿然刀堕，如是者数人。最后取其刀投井中，营兵索梗出刀，而征南已去远矣，征南搏人，皆以其穴。有死穴，晕穴，，啞穴，其術要訣，為敬，緊，徑，切，勤，五字。有惡少侮之者，為征南擊，其人數日不溺，踵門謝過，乃得如故。牧童竊學其法，以擊伴侶，立死，征南往視之曰：『此暈穴也，不久當甦。』已而果然，征南任俠，常為人報仇。然激於不平而後為。有與征南久故者，致金以仇其弟，征南毅然絕之曰：『此以禽獸待我也』征南罷事歸家，慕其才藝者，以為貧必易致，營將皆通慇懃，而征南則漠然不顧，鋤地担糞，若不知其所長，有易於求食者在也。一日遇故人，故人與營將同居，方延松江教師，講易武藝，教師倨坐彈三絃，視征南麻布縕袍若無有。故人謂征南善拳法，教師斜盼之曰：『若亦能此乎？』征南謝不敏，教師軒衣張眉曰：「亦可小試之乎？」征南固謝不敏。教師以其畏己也，强之愈力，征南不得已而應，教師被跌，請復之較，再跌，而流血被面。教師乃下拜，贄以二縑。征南嘗遊玩於天童，見僧山燄有膂力，四五人不能掣其手，稍近征南，則蹶然負痛。征南未嘗讀書，然與士大夫談論，則蘊藉可喜，不見其為麤人也。此拳至清傳河

哑穴，其术要诀，为敬，紧，径，切，勤，五字。有恶少侮之者，为征南击，其人数日不溺，踵门谢过，乃得如故，牧童窃学其法，以击伴侣，立死，征南往视之曰："此晕穴也，不久当苏。"已而果然，征南任侠，常为人报仇。然激于不平而后为。有与征南久故者，致金以仇其弟，征南毅然绝之曰："此以禽兽待我也。"征南罢事归家，慕其才艺者，以为贫必易致，营将皆通殷勤；而征南则漠然不顾，锄地担粪，若不知其所长，有易于求食者在也。一日遇故人，故人与营将同居，方延松江教师，讲易武艺；教师居坐弹三弦，视征南麻布缊袍若无有。故人谓征南善拳法，教师斜盼之曰："若亦能此乎？"征南谢不敏，教师轩衣张眉曰："亦可小试之乎？"征南固谢不敏。教师以其畏己也，强之愈力，征南不得已而应，教师被跌，请复之较，再跌，而流血被面。教师乃下拜，贽以二缣。征南常游玩于天童，见僧山焱有臂力，四五人不能掣其手，稍近征南，则蹶然负痛。征南未尝读书，然与士大夫谈论，则蕴藉可喜，不见其为粗人也。此拳至清传河南蔣發，蔣發傳懷慶府陳家溝子陳長興。長興立身，常中正不倚，形若木鷄，人因稱之為牌位先生。先生傳楊露禪，李伯魁，陳耕芸……等數十人，惟露禪術最精　露禪傳其子鎮，鈺，鑑，及王蘭亭諸人。長子鎮早死無傳。次子鈺字班侯傳萬春，全佑……等。三子鑑字健侯，傳其子兆熊，兆清，兆元，兆林，兆祥，……等。兆清字澄甫傳武滙川，葛馥笙，李德坊……等數十人，近日南北習太極者，大多數由楊氏遞相傳授者。

近代太極專家，李公景林，係傳自皖省陳世鈞隱士；其擊劍之妙，太極之精，則純任自然，已至臻上乘；又按運用劍法之精神，研究太極拳，劍，兩項，而溶化為一。純用神意，不尚身法氣力。與學者演習時，觸者立跌出數丈，此人所目覩，與其他太極家運用迥然不同，而其理則一也。

第四章　太極拳之意義

萬物之生也，負陰抱陽，莫不有太極，有太極斯有兩儀，改太極為陰陽之母。太極即一

南蒋发，蒋发传怀庆府陈家沟子陈长兴。长兴立身，常中正不倚，形若木鸡，人因称之为牌位先生。先生传杨露禅，李伯魁，陈耕芸等数十人，惟露禅术最精，露禅传其子锜、钰、鉴，及王兰亭诸人。长子锜早死无传。次子钰字班侯传万春，金佑等。三子鉴字健侯，传其子兆熊，兆清，兆元，兆林，兆祥等。兆清字澄甫传武汇川，葛兰笙、李德坊等数十人，近日南北习太极者，大多数由杨氏递相传授者。

近代太极专家，李公景林，系传自皖省陈世钧隐士；其击剑之妙，太极之精，则纯任自然，已至臻上乘；又按运用剑法之精神，研究太极拳，剑，两项，而溶化为一。纯用神意，不尚身法气力。与学者演习时，触者立跌出数丈，此人所目睹，与其他太极家运用迥然不同，而其理则一也。

第四章　太极拳之意义

万物之生也，负阴抱阳，莫不有太极，有太极斯有两仪；改太极为阴阳之母。太极即一氣，一氣即太極。以體言則為太極；以用言則為一氣，時陰時陽，活活潑潑。其氣洋溢於四體之中，浸潤於百骸之內。無處不有，無時不然。內外一氣，流行不息，開合自然，中無停滯。故太極無法，動即是法，此即太極是也。法言易中陰陽動靜之理；而運動作勢，純任自然，無中生有，所謂無極而太極也，至其運用圓活。如環無端，莫知所止，則又謂太極本無極也。勢，之中，着，之內，均含一圓形。其動而陽靜而陰，及剛柔進退等，均與易理吻合。故得假借太極易學之理，以說明之，此拳之名稱亦故因此而來；而以陰陽動靜等喻其作用，非強為附會也。

中國舊日學說，凡物均以陰陽喻之，故陰陽無定位。太極拳之喻陰陽亦然。如拳勢所云：動而陽，靜而陰，出手為陽，收手為陰，進步為陽，退步為陰，剛為陽，柔為陰，黏為陽，走為陰，伸為陽，曲為陰，分為陽，合為陰；仰為陽，俯為陰，升為陽，降為陰，實為陽，虛為陰無論如何變化，均不離陰陽動靜，圓形虛實之規範。此皆譬喻之說

气，一气即太极。以体言则为太极；以用言则为一气，时阴时阳，活活泼泼。其气洋溢于四体之中，浸润于百骸之内。无处不有，无时不然。内外一气，流行不息，开合自然，中无停滞。故太极无法，动即是法，此即太极是也。法言易中阴阳动静之理；而运劲作势．纯任自然，无中生有，所谓无极而太极也，至其运用圆活。如环无端，莫知所止，则又谓太极本无极也。势，之中，着，之内，均含一圆形。其动而阳静而阴，及刚柔进退等，均与易理吻合；故得假借太极易学之理，以说明之，此拳之名称亦故因此而来；而以阴阳动静等喻其作用，非强为附会也。

中国旧日学说，凡物均以阴阳喻之，故阴阳无定位。太极拳之喻阴阳亦然。如拳势所云：动而阳，静而阴，出手为阳，收手为阴，进步为阳，退步为阴，刚为阳，柔为阴，黏为阳，走为阴，伸为阳，曲为阴，分为阳，合为阴；仰为阳，俯为阴，升为阳，降为阴，实为阳，虚为阴无论如何变化，均不离阴阳动静，圆形虚实之规范。此皆譬喻之说非世俗卜筮迷信所言之太極也。萬不可作玄虛之談，近代科學昌明，百端進化，尤望學者能以科學等說明之，而不沾於易象，則編者所深望焉

第五章　太極拳之功效

凡名其為拳者，既供吾人練之，將必獲有相當之功效，但以各拳之門派種類不同，而所產生之功效，亦有大小強弱之差異。至於練習太極拳，所受效力，是否勝諸他拳？吾嘗弗敢武斷，惟聞國術專家李芳辰先生嘗云『太極拳之裨益於練者，實匪淺鮮。』茲舉幾端，以供學者之參考：太極拳一舉一動，極其緩和，若抽絲者然，毫不費力；亦如少女歌舞狀，彷彿含有音樂中之節奏及拍子在焉。固足以舒展筋骨，且可以調和氣血而陶冶性情。運動無過不及，發達順乎自然。體魄健壯，智慧增長，端賴此拳之循序漸進。質言之：於肢體各部，既鮮偏重之虞，在生理方面，又無妨害之弊。總以禁止粗躁滯鈍為主，力避暴戾之氣，而重致柔之道，可謂身心兼修，外強內壯，此其功效一也，

非世俗卜筮迷信所言之太极也。万不可作玄虚之谈，近代科学昌明，百端进化，尤望学者能以科学等说明之，而不沾于易象，则编者所深望焉。

第五章　太极拳之功效

凡名其为拳者，既供吾人练之，将必获有相当之功效，但以各拳之门派种类不同；而所产生之功效，亦有大小强弱之差异。至于练习太极拳，所受效力，是否胜诸他拳？吾当弗敢武断，惟闻国术专家李芳辰先生尝云：“太极拳之裨益于练者，实匪浅鲜。”兹举几端，以供学者之参考：太极拳一举一动，极其缓和，若抽丝者然，毫不费力；亦如少女歌舞状，仿佛含有音乐中之节奏及拍子在焉。固足以舒展筋骨；且可以调和气血而陶冶性情。运动无过不及，发达顺乎自然。体魄健壮，智慧增长，端赖此拳之循序渐进。质言之：于肢体各部，既鲜偏重之虞；在生理方面，又无妨害之弊。总以禁止粗躁滞钝为主；力避暴戾之气，而重致柔之道，可谓身心兼修，外强内壮，此其功效一也。

拳術有妨病延年之能，久為人所共知，無庸贅述；然既染重病之老翁或少年，是否猶可以拳治？尚係問題。蓋因病者，氣血必衰，若鍛練外家之剛功，未免運動過劇，消耗體力較多，則其精神，難使恢復，反屬有害；惟太極拳法，純為適應生理變化，動作輕靈婉如！而呼吸與血液循環之次數，均不失其常態。如患肺病及癆瘵諸症者，久練此拳，當能殺盡毒菌，化險為夷，轉弱為強。可見太極拳，不僅能可以防病於未然，且能除卻百病之魔，而保永恆之健康。此其功效二也。

近世一般學外國拳，或其他體育自命為體育專家者，悉以練日本武士道及西洋拳法為有功效；而視吾國固有國粹（太極拳）為柔軟無力，難以制敵。豈不知老子所云：「天下至柔，馳騁天下至堅」之大道；亦未識太極拳之妙，重若泰山，輕似鴻毛，宛若游龍，翩比驚鴻，陰陽動靜，虛實進退，其變化之靈活敏速，雖脫兔沉魚，亦不及也。所謂擊首則尾應，擊尾則首應，擊其身則首尾相應者，非專指常山蛇而言；其長於太極拳者

拳术有妨病延年之能，久为人所共知，无庸赘述；然既染重病之老翁或少年，是否犹可以拳治？尚系问题。盖因病者，气血必衰，若锻炼外家之刚功，未免运动过剧，消耗体力较多，则其精神，难使恢复，反属有害；惟太极拳法，纯为适应生理变化，动作轻灵婉如！而呼吸与血液循环之次数，均不失其常态。如患肺病及疮疥诸症者，久练此拳，当能杀尽毒菌，化险为夷，转弱为强。可见太极拳，不仅能可以防病于未然，且能除却百病之魔，而保永恒之健康。此其功效二也。

近世一般学外国拳，或其他体育自命为体育专家者，悉以练日本武士道及西洋拳法为有功效；而观吾国固有国粹（太极拳）为柔软无力，难以制敌。岂不知老子所云："天下至柔，驰骋天下至坚"之大道；亦未识太极拳之妙，重若泰山，轻似鹅毛，宛若游龙，翩比惊鸿，阴阳动静，虚实进退，其变化之灵活敏速，虽脱兔沉鱼，亦不及也。所谓击首则尾应，击尾则首应，击其身则首尾相应者，非专指常山蛇而言；其长于太极拳者亦復如斯。吾曾見許多國術同志，以東西洋拳法，或以生平所練之鋼功，力擊精通太極拳之家，卒皆不中，拳拳落空，如大石之投流水，鉄錘之擊棉絮。每一出手，不觸太極拳家則已，一觸必敗，弗進猶可支持，進則踉蹌退跌數十武外。此何故耳？非太極拳中，含有『以靜制動』『以柔克剛』『以小勝大』『以退為進』『以順避害』之至理在耶？由此觀之，練是拳者，誠足以防敵自衛。此其功效三也。

第六章　太極拳真義

無形無象（忘其有己）　全身透空（內外如一）　應物自然（隨心所欲）　西山懸磬（海闊天空）

虎吼猿鳴（煅鍊陰精）　泉清水靜（心死神活）　翻江鬧海（元氣流動）　盡性立命（神完氣足）

八字歌

掤擴擠按世界稀，十個藝人十不知，若能輕靈並堅硬，黏運粘隨俱無疑，採挒肘靠更出

亦复如斯。吾曾见许多国术同志，以东西洋拳法，或以生平所练之刚功，力击精通太极拳之家，卒皆不中，拳拳落空，如大石之投流水，铁锤之击棉絮。每一出手，不触太极拳家则已，一触必败，弗进犹可支持，进则跟跄退跌数十武外。此何故耳？非太极拳中，含有“以静制动”“以柔克刚”“以小胜大”“以退为进”“以顺避害”之至理在耶？由此观之，练是拳者，诚足以防敌自卫。此其功效三也。

第六章　太极拳真义

无形无象忘其有己　全身透空内外如一　应物自然随心所欲　西山悬磬海阔天空

虎吼猿鸣锻炼阴精　泉清水静心死神活　翻江闹海元气流动　尽性立命神元气足

八字歌

掤攌挤按世界稀，十个艺人十不知，若能轻灵并坚硬，黏连粘随俱无疑，采挒肘靠更出奇，行之不用費心思，果得粘連黏隨字，得其環中不支離。

心會論

腰脊爲第一之主宰，喉頭爲第二之主宰，心地爲第三之主宰。丹田爲第一之賓輔，指掌爲第二之賓輔，足掌爲第三之賓輔。

週身大用論

一要性心與意靜，自然無處不輕靈，二要遍體氣流行，一定繼續不能停，三要喉頭永不拋，問盡天下衆英豪，如詢大功因何得，表裏精粗無不到。

十六關要論

蹬之於足，行之於腿，縱之於膝，活潑於腰，靈通於背，神貫於頂，流行於氣，運之於掌，通之於指，斂之於髓，達之於神，凝之於耳，息之於鼻，呼吸往來於口，渾噩於身，全體發之於毛。

奇，行之不用费心思，果得粘连黏随字，得其环中不支离。

心会论

腰脊为第一之主宰，喉头为第二之主宰，心地为第三之主宰。

丹田为第一之宝辅，指掌为第二之宝辅，足掌为第三之宝辅。

周身大用论

一要性心与意静，自然无处不轻灵。二要遍体气流行，一定继续不能停。三要喉头永不抛，问尽天下众英豪，如询大功因何得，表里精粗无不到。

十六阕要论

蹬之于足，行之于腿，纵之于膝，活泼于腰，灵通于背，神贯于顶，流行于气，运之于掌，通之于指，欲之于髓，达之于神，凝之于耳，息之于鼻，呼吸往来于口，浑噩于身，全体发之于毛。

功用歌

輕靈活潑求懂勁，陰陽相濟無滯病，若得四兩撥千斤，開合鼓盪主宰定。

用功五誌

博學 是多功夫 審問 不是口問是聽勁 慎思 時時想念 明辨 生生不已 篤行 如天行健

第七章 太極拳論

一舉動，週身俱要輕靈。

純任自然，不用拙力，則舉動自然輕靈。

尤須貫串。

聯絡一氣，緜緜不斷，即為貫串；若動一斷，彼必乘虛而入，其害匪淺。

氣宜鼓盪，神宜內斂。

鼓盪者。冲實也。內斂者，神靜之謂也。靜則不乱，故未練之先，神宜內斂。由靜

功用歌

轻灵活泼求懂劲，阴阳相济无滞病，若得四两拨千斤，开合鼓荡主宰定。

用功五志

博学是多功夫，审问不是口问是听劲，慎思时时想念，明辨生生不已，笃行如天行健

第七章　太极拳论

一举动，周身俱要轻灵。

纯任自然，不用拙力，则举动自然轻灵。

尤须贯串。

联络一气，丝丝不断，即为贯串；若动一断，彼必乘虚而入，其害匪浅。

气宜鼓荡，神宜内敛。

鼓荡者。冲实也。内敛者，神静之谓也。静则不乱，故未练之先，神宜内敛。由静

生動，以神貫之，以意引之；磨習既久，始有意之所至，即力之所至之境。

無使有凸凹處，無使有斷續時，無使有缺陷處。

凸凹則不平，不平則間斷；斷則易為人所制；斷續則不圓；不圓則易為人所乘。一有缺陷則彼乘虛而入，此皆致敗之由。

其根在腳，發於腿，主宰於腰，形於手指，由腳而腿而腰，總須完整一氣，向前退後，乃得機得勢。

人之呼吸，由頂至踵；呼吸深長，始可完成一氣。上下相合，隨屈就伸。太極以手指放入，而跌出者，此梢力也。指甲為筋之梢；人身最堅固者筋，最力大者氣。由足跟直發於指；形若砲火，一轟而出，故人不知也。

有不得機得勢處，身便散亂，其病必於腰腿求之，

如不得機勢，身即動搖不定，心即惶惶不止，此拳術家最大之病。故必須注意於腰腿

生动，以神贯之，以意引之；磨习既久，始有意之所至，即力之所至之境。无使有凸凹处，无使有断续时，无使有缺陷处。

凸凹则不平，不平则间断；断则易为人所制；断续则不圆；不圆则易为人所乘。一有缺陷则彼乘虚而入，此皆致败之由。

其根在脚，发于腿，主宰于腰，形于手指，由脚而腿而腰，总须完整一气，向前退后，乃得机得势。

人之呼吸，由顶至踵；呼吸深长，始可完成一气。上下相合，随屈就伸。太极以手指放入，而跌出者，此稍力也。指甲为筋之稍；人身最坚固者筋，最力大者气。由足跟直发于指；形若炮火，一轰而出，故人不知也。

有不得机得势处，身便散乱，其病必于腰腿求之。

如不得机势，身即动摇不定，心即怆惶不止，此拳术家最大之病，故必须注意于腰腿上下左右前後皆然。凡此皆是意，不在外面，有上即有下，有前即有後，有左即有右。

上下前後左右之動作，處處必須用於腰腿，外形雖然動作輕靈，而內中須有一意存焉。彼力微着我身，我力直達彼內；彼未成虛，我去成實，此即意之用也。

如意要向上，即寓下意。若將物掀起；而加以挫之之意。斯其根自斷，乃壞之速而無疑。

交手之時，總以隨機應變。動無定時，隨曲就伸，處處相隨，變化無窮，令人莫測。彼既心神失措，則我勁發必着，自為我制矣。

虛實宜分清楚，一處自有一處虛實，處處總此一虛實。週身節節貫串，無令絲毫間斷耳。

兵家云：「虛則實之，實則虛之。」此舉動必之用要訣也，我拳術家，更當注重，不

上下左右前后皆然。凡此皆是意，不在外面，有上即有下，有前即有后，有左即有右。

上下前后左右之动作，处处必须用于腰腿，外形虽然动作轻灵；而内中须有一意存焉。彼力微着我身，我力直达彼内；彼未成虚，我去成实，此即意之用也。

如意要向上，即寓下意。若将物掀起；而加以挫之之意。斯其根自断，乃坏之速而无疑。

交手之时，总以随机应变。动无定时，随曲就伸，处处相随，变化无穷，令人莫测。彼既心神失措，则我劲发必着，自为我制矣。

虚实宜分清楚，一处自有一处虚实，处处总此一虚实。周身节节贯串，无令丝毫间断耳。

兵家云："虚则实之，实则虚之。"此举动必之用要诀也，我拳术家，更当注重，不可忽視。彼虛我實，彼實我虛；總須我意在先，彼意在後，彼不知我，我獨知人。氣如車輪，週身聯貫。渙散呆滯，此拳家必戒。交手時，彼身似動未動，我力已至：然而處處只一虛實也。

第八章　太極拳經

太極者，無極而生，動靜之機，陰陽之母也。

太，大也；甚也。極者，中也，至也；又窮也；樞紐根柢之謂。陰陽生於太極，為萬物之根本；而太極拳則為各拳之領袖也。此拳重在鍛鍊精神。運動作勢，純任自然，不偏不倚，不拘形式。以虛無為本，而包羅萬象。故曰無極。太極本無極，處處分陰陽虛實；故名之曰太極。然初學者，說有形之姿式，入手學習，久之着熟，然後懂勁，融會慣通，始能入於神化之境。機者，巧也，又樞機也。夫動靜無端，陰陽無始，當行功時，中心泰然，抱元守一，未嘗不靜。神明不測，有觸即發，未

可忽视。彼虚我实，彼实我虚；总须我意在先，彼意在后，彼不知我，我独知人。气如车轮，周身联贯。涣散呆滞，此拳家必戒。交手时，彼身似动未动，我力已至；然而处处只一虚实也。

第八章　太极拳经

太极者，无极而生，动静之机，阴阳之母也。

太，大也；甚也。极者，中也，至也；又穷也；枢纽根柢之谓。阴阳生于太极，为万物之根本；而太极拳则为各拳之领袖也。此拳重在锻炼精神。运动作势，纯任自然，不偏不倚，不拘形式。以虚无为本，而包罗万象。故曰无极。太极本无极，处处分阴阳虚实；故名之曰太极。然初学者，就有形之姿式，入手学习，久之着熟，然后懂劲，融会惯通，始能入于神化之境。机者，巧也，又枢机也。尖动静无端，阴阳无始，当行功时，中心泰然，抱元守一，未尝不静。神明不测，有触即发，未當無動。於動時，存靜意。於靜中，寓動機。一動一靜，合乎自然。此太極拳之所以妙也。

動之則分，靜之則合。

不動時。渾然一太極。如微動，則陰陽分焉。其靜的姿式；雖無痕跡可指；然陰陽虛實，已具其中。故曰靜之則合，而功重在虛靜。虛則無所不容；靜則無所不應。學者務須詳察領會，自無不如意也。

無過不及，隨屈就伸。

過，逾也。不及，未至也。就，即也。過與不及，皆為失中。與人相接之時，隨彼之動而動；彼屈我伸，彼伸我屈。與之密合，不丟不頂。以中為主，自無不合。初學此拳者每失之過追，稍懂勁，則每失之不及。學者宜審慎之

人剛我柔謂之走，我順人背謂之粘。

尝无动。于动时，存静意。于静中，寓动机。一动一静，合乎自然。此太极拳之所以妙也。

动之则分，静之则合。

不动时，浑然一太极。如微动，则阴阳分焉。其静的姿式；虽无痕迹可指；然阴阳虚实，已具其中。故曰静之则合，而功重在虚静。虚则无所不容；静则无所不应。学者务须详察领会，自无不如意也。

无过不及，随屈就伸。

过，逾也。不及，未至也。就，即也。过与不及，皆为失中。与人相接之时，随彼之动而动；彼屈我伸，彼伸我屈。与之密合，不丢不顶。以中为主，自无不合。初学此拳者每失之过追，稍懂劲，则每失之不及。学者宜审慎之。

人刚我柔谓之走，我顺人背谓之粘。

人者，敵也。剛，指有力而言。柔，即順也。走者，何也。以柔順變化敵力之方向，不為所制；故曰走。敵施力時，我順其勢而制之；使其就我之範圍；故曰粘。太極拳，常以小力勝大力為主旨。據常理言之，固然不可；而敵之勝者，必有理在。蓋敵力須加吾身，方生效力。苟能御制得道，審機應變；以彼力還制彼身，則我雖弱，常居制人之地位；敵雖力大，何由施哉。然非好學深思之士，未足悟此。

動急則急應，動緩則緩隨，雖變化萬端，而理為一貫。

此言與人交手，隨彼之緩急而施之也。然非兩臂圓活，週身鬆靜；實難得相當之效力，敵雖變化萬端，由一本而萬殊，而我執兩用中，扼萬殊使歸一本。審機應候，守一以臨，設非功深，不易知也。

由着熟而漸悟懂勁，由懂勁而階及神明；然非用力之久，不能豁然貫通焉。

習太極拳，進功自有一定程度；萬不可躐等躁進。此拳之妙，全在用勁；（勁字係

人者，敌也。刚，指有力而言。柔，即顺也。走者，何也。以柔顺变化敌力之方向，不为所制；故曰走。敌施力时，我顺其势而制之；使其就我之范围；故曰粘。太极拳，常以小力胜大力为主旨。据常理言之，固然不可；而敌之胜者，必有理在。盖敌力须加吾身，方生效力。苟能御制得道，审机应变；以彼力还制彼身，则我虽弱，常居制人之地位；敌虽力大，何由施哉。然非好学深思之士，未足悟此。

动急则急应，动缓则缓随，虽变化万端，而理为一贯。

此言与人交手，随彼之缓急而施之也。然非两臂圆活，周身松静；实难得相当之效力，敌虽变化万端，由一本而万殊，而我执两用中，扼万殊使归一本。审机应候，守一以临，设非功深，不易知也。

由着熟而渐悟懂劲，由懂劲而阶及神明；然非用力之久，不能豁然贯通焉。

习太极拳，进功自有一定程度；万不可躐等躁进。此拳之妙，全在用劲（劲字系由功深而練出不可作力量解）然勁為無形，必附於有形之着，方合於用。有每恃用勁，輕視用着，手之發也，難以命中，皆不明此中之深理，而濫竽用勁之故也。練此拳術，先求姿勢正確。再求互相聯貫之精神，熟習之後，須求各勢之用法。再由推手，研求懂勁；由微懂，而略懂，進至無微不覺，無時不然，方稱懂勁。再進至非着非勁，而勁自合；以意運勁，以氣代意；精神所觸，莫之能禦。此即階及神明豁然貫通也，

虛靈頂勁，氣沉丹田，不偏不倚，忽隱忽現。

虛者，空也；無意無形之謂。頂者，頭頂也。頭為全身之綱領，又即拳家之機樞。故運勁於腦，貫神於頂，練神歸一，勿使散亂。道家稱此為上丹田，泥丸宮，即藏神之府；又為練神之庫。夫人大腦主思想，小腦主運動；且能支配神經，為主宰之樞府。道家之謂；丹田有三：一居頭頂以藏神，一居中脘以蓄熱，一居臍下（臍下

由功深而练出不可作力量解），然劲为无形，必附于有形之着，方合于用。有每恃用劲，轻视用着，手之发也，难以命中，皆不明此中之深理，而滥竽用劲之故也。练此拳术，先求姿势正确。再求互相联贯之精神，熟习之后，须求各势之用法。再由推手，研求懂劲；由微懂。而略懂。进至无微不觉，无时不然，方称懂劲。再进至非着非劲，而劲自合；以意运劲，以气代意；精神所触，莫之能御。此即阶及神明豁然贯通也。

虚实顶劲，气沉丹田，不偏不倚，忽隐忽现。

虚者，空也；无意无形之谓。顶者，头顶也。头为全身之纲领，又即拳家之机枢。故运劲于脑，贯神于顶，练神归一，勿使散乱。道家称此为上丹田，泥丸宫，即藏神之府；又为练神之库。夫人大脑主思想，小脑主运动；且能支配神经，为主宰之枢府。道家之谓；丹田有三：一居头顶以藏神，一居中腕以蓄热，一居脐下（脐下三寸）以藏精。氣沉丹田，指下丹田而言。常用深呼吸，歸納於此，自能氣足神旺。蓋常人呼吸短促，每至中脘而回，（即橫隔膜也）不能下達；因肺力薄弱；循環遲緩之故。練者應虛心實腹，納故吐新。以心意導精氣於下丹田；則自能血脈靈活，排泄崇養，亦自屹然不動，不易撼倒。但沉者，宜徐徐而下，在有意無意之間，萬不可用力下沉，外擻小腹；倘若不慎，每致發生腸疝諸症。不偏不倚者，中正是也。忽隱忽現者，則若顯若沒，變化千端，令人莫測之謂也。

左重則左虛，右重則右杳。仰之則彌高，俯之則彌深。進之則愈長，退之則愈促。

左重左虛者，即解釋與敵黏手，隱現無常之謂也。敵以吾力在左，欲加重吾左方之力，使失平衡；吾則虛以待之，敵自墮吾術中，右方亦然。杳則不可捉摸之意，使之處處落空，無何可施。仰者，升也。俯者，降也。敵欲提我使上，則我因而高之。敵欲抑我使下，則吾因而降之。使彼處處失中，自受吾制。此即黏隨不去之意。

三寸）以藏精。气沉丹田，指下丹田而言。常用深呼吸，归纳于此，自能气足神旺。盖常人呼吸短促，每至中腕而回，（即横膈膜也）不能下达；因肺力薄弱；循环迟缓之故。练者应虚心实腹，纳故吐新。以心意导精气于下丹田；则自能血脉灵活，排泄炭养，亦自屹然不动，不易撼倒。但沉者，宜徐徐而下，在有意无意之间，万不可用力下沉，外臌小腹；倘若不慎，每致发生肠疝诸症。不偏不倚者，中正是也。忽隐忽现者，则若显若没，变化千端，令人莫测之谓也。

左重则左虚，右重则右杳。仰之则弥高，俯之则弥深。进之则愈长，退之则愈促。

左重左虚者，即解释与敌黏手，隐现无常之谓也。敌以吾力在左，欲加重吾左方之力，使失平衡；吾则虚以待之，敌自堕吾术中，右方亦然。杳则不可捉摸之意，使之处处落空，无何可施。仰者，升也。俯者，降也。敌欲提我使上，则我因而高之。敌欲抑我使下，则吾因而降之。使彼处处失中，自受吾制。此即黏随不去之意。

吾前進時，敵欲順領吾勁，吾即長身隨之，加力主之；使其無法退避。如吾牽動敵身，彼順我而逆之；我當以佯退轉進之法以施之，倘敵隨之深入，吾則或俯身含胸，或摺疊動搖，或以指促其腕，或旁按兩脅臂彎，使敵急迫不安，無可再進。

一羽不能加，一蠅不能落。人不知我，我獨知人。英雄所向無敵，蓋由此而及也。

此言善太極拳者，感覺靈敏，一觸即知；雖微小蠅蟲，亦不能加之也。練至虛靈不昧，感而遂通，自有不期然而然之境，我一着一意，必須先期而至，不令使之覺察；則我奇幻突出；敵不及防。彼一略動，我意即知。所謂「知己知彼，百戰不殆」，自能所向無敵矣。

斯技旁門甚多，雖勢有區別，概不外壯欺弱，慢讓快耳。有力打無力，手慢讓手快；是皆先天自然之能，非關學力而有為也。

他項拳術頗多，派別不同，姿式各異，皆不外乎壯欺弱，慢讓快；而太極拳，則不

吾前进时，敌欲顺领吾劲，吾即长身随之，加力主之；使其无法退避。如吾牵动敌身，彼顺我而逆之；我当以佯退转进之法以施之，倘敌随之深入，吾则或俯身含胸，或折叠动摇，或以指促其腕，或旁按两胁臂弯；使敌急迫不安，无可再退。

一羽不能加，一蝇不能落。人不知我，我独知人。英雄所向无敌，盖由此而及也。

此言善太极拳者，感觉灵敏，一触即知；虽微小蝇虫，亦不能加之也。练至虚灵不昧，感而遂通，自有不期然而然之境，我一着一意，必须先期而至，不令使之觉察；则我奇幻突出；敌不及防。彼一略动，我意即知。所谓"知己知彼，百战不殆"，自能所向无敌矣。

斯技旁门甚多，虽势有区别，概不外壮欺弱，慢让快耳。有力打无力，手慢让手快；是皆先天自然之能，非关学力而有为也。

他项拳术颇多，派别不同，姿式各异，皆不外乎壮欺弱，慢让快；而太极拳，则不然。此拳皆以虛靈懂勁，如力霸勢為主。貴謀而不貴勇，貴精而不貴多。敏捷力大皆天賦之能力，與學力實有軒輕之別。

察「四兩撥千斤」之句，顯非力勝，觀耄耋能禦衆之形快何能為。

四兩撥千斤之句，則言太極拳，以小力能勝大力，以無力能制有力。耄耋禦衆，古今常理；如古之廉頗，今之二宋者，（世榮雲鶴二兄弟也，原籍宛平，寄居太谷）。雖老尚能勝衆，非恃手足之快也。

立如平準；活似車輪；偏沉則隨，雙重則滯。

平準者，中正不倚也。活似車輪者，則氣如滾珠，週身如輪，循環不已，活潑不滯之意也。偏者，單重也。指一端而言。例如用一圓形方形二物，由平坦擲出，圓形必滾出數武，而方形幾動即不動矣。一是一端着地，故靈活無碍。一是兩端着地，則雙重遲滯。故太極拳貴單重，戒雙重。

然。此拳皆以虚灵懂劲，知力审势为主。贵谋而不贵勇，贵精而不贵多。敏捷力大皆天赋之能力，与学力实有轩轾之别。

察“四两拨千斤”之句，显非力胜，观耄耋能御众之形快何能为。

四两拔千斤之句，则言太极拳，以小力能胜大力，以无力能制有力。耄耋御众，古今常理：如古之廉颇，今之二宋者（世荣云鹤二兄弟也，原籍宛平，寄居太谷）。

虽老尚能胜众，非恃手足之快也。

立如平准；活似车轮；偏沉则随，双重则滞。

平准者，中正不倚也。活似车轮者，则气如滚珠，周身如轮，循环不已，活泼不滞之意也。偏者，单重也。指一端而言。例如用一圆形方形二物，由平坦掷出，圆形必滚出数武，而方形几动即不动矣。一是一端着地，故灵活无碍。一是两端着地，则双重迟滞。故太极拳贵单重，戒双重。

每見數年純功，不能運化者，率皆自為人制，雙重之病未悟耳。

此歧正之分也。有數十年苦功者；與數年之拳家較；功深者奔北，功淺者凱旋。此皆不明雙重，不知運化，不悟虛靈之病耳。

欲避此病，須知陰陽；黏即是走，走即是黏；陰不離陽，陽不離陰；陰陽相濟，方為懂勁。

此係解釋雙重之意，陰陽之說，茲不復贅。制敵勁時謂之黏，化敵勁時謂之走。彼高我隨之高，彼低我隨之低。知己知彼，斯為懂勁。

懂勁後，愈練愈精。默識揣摩，漸至從心所欲，本是舍己從人，多誤舍近求遠。所謂「差之毫釐，謬之千里」；學者不可不詳辨焉。

懂勁後，為最要關鍵，萬勿稍懈，如獲無窮之益。再向不拘成見；毋彼毋我上面求功夫；方能審微入奧，由悟而覺，所謂『登堂入室』者此耳。

每见数年纯功，不能运化者，率皆自为人制，双重之病未悟耳。

此歧正之分也。有数十年苦功者；与数年之拳家较；功深者奔北，功浅者凯旋。此皆不明双重，不知运化，不悟虚灵之病耳。

欲避此病，须知阴阳；黏即是走，走即是黏；阴不离阳，阳不离阴；阴阳相济，方为懂劲。

此系解释双重之意，阴阳之说，兹不复赘。制敌劲时谓之黏，化敌劲时谓之走。彼高我随之高，彼低我随之低。知己知彼，斯为懂劲。

懂劲后，愈练愈精。默识揣摩，渐至从心所欲，本是舍己从人，多误舍近求远。所谓“差之毫厘，谬之千里”；学者不可不详辨焉。

懂劲后，为最要关键，万勿稍懈，如获无穷之益。再向不拘成见；毋彼毋我上面求功夫；方能审微入奥，由悟而觉，所谓“登堂入室”者此耳。

第九章　十三勢歌 附十三勢行功心解

十三總勢莫輕視，命意源頭在腰隙。變轉虛實須留意，氣遍身軀不少滯。靜中觸動動猶靜，同敵變化示神奇。勢勢揆心須用意，得來不覺費工夫。刻刻留心在腰間。腹內鬆靜氣騰然。尾閭中正神貫頂。滿身輕利頂頭懸。仔細留心向推求，屈伸開合聽自由。入門引路須口授，工夫無息法自休。若言體用何為準？意氣君來骨肉臣，想推用意終何在？益壽延年不老春。歌兮歌兮百四十，字字真切義無遺。若不向此推求去，枉費工夫貽歎息！（此歌之意義，前已注明，不再註解。）

十三　勢行功心解

十三勢者，掤，攦，擠，按，採，挒，肘，靠，進，退，顧，盼，中，定，是，也。

以心行氣，務令沉着。乃能收斂入骨！以氣運身，務令順遂，乃能便利從心。心與意合，以意行氣，貴沉實，戒輕浮　聽自然，勿勉強。功力日久，自能填髓壯骨。腹內

第九章　十三势歌　（附十三势行功心解）

十三总势莫经视，命意源头在腰隙。变转虚实须留意，气遍身躯不少滞。静中触动动犹静，同敌变化示神奇。势势揆心须用竟，得来不觉费工夫。刻刻留心在腰间。腹内松静气腾然。尾闾中正神贯顶。满身轻利顶头悬。仔细留心向推求，屈伸开合听自由。入门引路须口授，工夫无息法自休。若言体用何为准？意气君来骨肉臣，想推用意终何在？益寿延年不老春。歌兮歌兮百四十，字字真切义无遗。若不向此推求去，枉费工夫贻叹息！（此歌之意义，前已注明，不再注解。）

十三势行功心解

十三势者，掤，攦，挤，按，采、挒，肘，靠，进，退，顾，盼，中，定，是，也。以心行气，务令沉着。乃能收敛入骨！以气运身，务令顺遂，乃能便利从心。心与意合，以意行气，贵沉实，戒轻浮，听自然，勿勉强。功力日久，自能填髓壮骨。腹内鬆靜氣騰然，則言以氣運身之意也。只要姿式平順，自然氣動身至，從心所欲。

精神能提得起，則無遲重之虞。此謂『頂頭懸也』。

精神貫頂，週身自然輕靈！不受拙力之支配，始無遲滯之患。

意氣須換得靈，乃有圓活之妙，此謂『變轉虛實』也。

例如與人相黏，彼力在左，我當出其右。我似發未發之間，彼已覺察，我當以別法變換。信手而應，攻其不備。此即變換靈妙之意。

發勁須沉着鬆淨，專主一方。立身須中正安舒，撐支八面。

沉着，乃拳家關重之要訣，一吋不可忽略；偶一失慎，則必驚慌失措，為害甚烈。

嘗聞某拳術家，工夫亦純，力量亦大。因困爭西門歐，交手之間。身傷數處。忽有人告之曰：『拳術汝忘之乎』彼即奔騰再較，大獲勝利。此皆心神忙亂，手足失措，不知沉着之為何物，以致有此極大之失敗也。後有人告之醒，方知己身是一位千

松静气腾然，则言以气运身之意也。只要姿式平顺，自然气动身至，从心所欲。精神能提得起，则无迟重之虞。此谓“顶头悬也”。

精神贯项，周身自然轻灵！不受拙力之支配，始无迟滞之患。

意气须换得灵，乃有圆活之妙，此谓“变转虚实”也。

例如与人相黏，彼力在左，我当出其右。我似发未发之间，彼已觉察，我当以别法变换。信手而应，攻其不备。此即变换灵妙之意。

发劲须沉着松净，专主一方。立身须中王安舒，撑支八面。

沉着，乃拳家关重之要诀，一寸不可忽略；偶一失慎，则必惊慌失措，为害甚烈。尝闻某拳术家，工夫亦纯，力量亦大。因困争西门欧，交手之间。身伤数处。忽有人告之曰：“拳术汝忘之乎。”彼即奔腾再较，大获胜利。此皆心神忙乱，手足失措，不知沉着之为何物，以致有此极大之失败也。后有人告之醒，方知己身是一位千變萬化之拳術家，則可再較凱旋。發勁不可亂發，亂發則無效。必須身鬆氣靜，專一猛施，自然發無不中。其發也。彌六合，則撐支八面何難也。

行氣如九曲珠，無微不到！運勁如百練鋼，何堅不摧。

此即一氣流動！長行不息之意也，有隙皆通，微空而至！能達四梢，通九竅，順之則行！背之則斷。勁者氣之至也。未發也。蘊於內！其發也。突於外。如砲火然。其彈脫口而出，擋者皆傾！此皆一氣蒸發之力也。

形如搏兔之鵠，神如捕鼠之貓。

鵠之敏捷！多在盤旋之時。兩眼覷準機會，猛然進攻，突去而中！則太極拳以行動之間，倏忽制敵，亦此理也。貓之為物，最能審機待勢！蓄而後發，其精妙處，全在用神，其功用處，以靜制動。

靜如山岳，動如江河。蓄勁如開弓，發勁如放箭。

变万化之拳术家，则可再较凯旋。发劲不可乱发，乱发则无效。必须身松气静，专一猛施，自然发无不中。其发也。弥六合，则撑支八面何难也。

行气如九曲珠，无微不到！运劲如百练钢，何坚不摧。

此即一气流动！长行不息之意也，有隙皆通，微空而至！能达四稍，通九窍，顺之则行！背之则断。劲者气之至也。未发也。蕴于内！其发也。突于外。如炮火然。其弹脱口而出，挡者皆倾！此皆一氛蒸发之力也。

形如搏兔之鹄，神如捕鼠之猫。

鹄之敏捷！多在盘旋之时。两眼观准机会，猛然进攻，突去而中！则太极拳以行动之间，倏忽制敌，亦此理也。猫之为物，最能审机待势！蓄而后发，其精妙处，全在用神，其功用处，以静制动。

静如山岳，动如江河。蓄劲如开弓，发劲如放箭。

山岳之堅，人莫撼動。故言此拳以沉實為主，以川流不息為用。弓張越圓，箭放越速。弓乃蓄有彈力，箭執於中而後發。故太極拳，誠於中。而發於外，亦此意也

曲中求直，蓄而後發；力由脊發，步隨身換，收即是放，放即是收。，斷而復連。曲能化勁，直乃發勁。蓄則意之中，發則意之至。脊為內臂之源，又即拳家發勁之關鍵。氣由尾閭上騰，由脊而肩而肘而手指，此皆發勁之意也。步隨身換，則上下相隨也。收者內含牽黏外示弱點，彼身微顫。我即放之，此即乘機而發。放者，內蘊彈簧，彼抗我縮，（縮即引也）彼走我放，所謂『若即若離。』

往復須有摺疊，進退須由轉換。極柔軟，然後極堅硬；能呼吸，然後能靈活。摺疊。乃是彎曲蓄勁之意。必須由轉換中，含有進退。似退非退，似進非進，亦即此理。週身柔軟，氣自暢達，偶一用力，氣必阻碍，堅硬為何？氣之所至也。戒拙力，呼吸自能深長，遍體自能靈活，偶一用力，呼吸自必短促，遍體亦必遲滯。

山岳之坚，人莫撼动。故言此拳以沉实为主，以川流不息为用。弓张越圆，箭放越速。弓乃富有弹力，箭执于中而后发。故太极拳，诚于中。而发于外，亦此意也。曲中求直，蓄而后发；力由脊发，步随身换．收即是放，放即是收；断而复连。

曲能化劲，直乃发劲。蓄则意之中，发则意之至。脊为内肾之源，又即拳家发劲之关键。气曰尾闾上腾，由脊而肩而肘而手指，此皆发劲之意也。步随身换，则上下相随也。收者内含牵黏外示弱点，彼身微颤。我即放之，此即栗机而发。放者，内蕴弹簧，彼抗我缩（缩即引也），彼走我放，所谓“若即若离”。

往复须有折叠，进退须由转换。极柔软，然后极坚硬；能呼吸，然后能灵活。

折叠。乃是湾曲截劲之意。必须由转换中，含有进退。似退非退，似进非进，亦即此理。周身柔软．气自畅达，偶一用力，气必阻碍，坚硬为何？气之所至乜。戒拙力，呼吸自能深长；遍体自能灵活，偶一用力，呼吸自必短促，遍体亦必迟滞。

氣以直養而無害，勁以曲蓄而有餘。心為令，氣為旗，腰為纛。人之健壯者，氣必深長？（由頂至踵）人之薄弱者，氣必短促，（或至中脘而不行）氣，生命也。其有限制之度量，豈容一絲之消耗？

時有因斂氣，或練氣功者，發生其他之病患。此皆以有限制之氣，用於他處，而應行流動之氣，自必虧損。故拳術家，更當戒之慎之。勁直無存，勁曲有餘。此當然之理，不再贅述。意動氣隨，皆當以腰為主。

先求開展，後求緊湊，乃可臻於縝密矣。

初步練拳，總以週身鬆活開展為主。俗云，『伸筋拔骨（此指初學而言）筋長力大。』誠哉是言也！手足能長，彈力必大！手足短縮，彈力必小。磨習既久，自可由長而短，由大而小，伸縮往來，忽高忽低，放則能彌六合，卷則退藏於密，此即拳家之上乘也。

气以直养而无害，劲以曲蓄而有余。心为令，气为旗，腰为纛。人之健壮者，气必深长？（由顶至踵）人之薄弱者，气必短促，或至中腕而不行气，生命也。其有限制之度量，岂容一丝之消耗？

时有因努气，或练气功者，发生其他之病患。此皆以有限制之气，用于他处，而应行流动之气，自必亏损。故拳术家，更当戒之慎之。劲直无存，劲曲有余。此当然之理，不再赘述。意动气随，皆当以腰为主。

先求开展，后求紧凑，乃可臻于缜密矣。

初步练拳，总以周身松活开展为主。俗云："伸筋拔骨（此指初学者而言）筋长力大。"诚哉是言也！手足能长，弹力必大！手足短缩——弹力必小。磨习既久，自可由长而短，由大而小，伸缩往来，忽高忽低，放则能弥六合，卷则退藏于密，此即拳家之上乘也。

又曰：先在心，後在身。腹鬆氣斂入骨，神舒體靜，刻刻在心。切記一動無有不動，一靜無有不靜。牽動往來氣貼背，斂入脊骨。內固精神，外示安逸。邁步如貓行。運動如抽絲，全神竟在精神，不在氣。在氣則滯，有氣者無力，無氣者純鋼。氣若車輪，腰若車軸。

打手歌

掤擴擠按須認真，上下相隨人難進。任他巨力來打我，牽動四兩撥千斤。引進落空合即出，黏連黏隨不丟頂，

又曰，彼不動，己不動，彼微動，己先動。勁似鬆非鬆，將展未展，勁斷意不斷。以上三節，極為簡明。所以太極拳之要義，前項已經分析詳註毋庸贅解。

太極拳各勢名稱

(1)預備式 (2)攬雀尾 (3)單鞭 (4)提手 (5)白鶴亮翅

又曰：先在心，后在身。腹松气敛入骨，神舒体静，刻刻在心。切记一动无有不动，一静无有不静。牵动往来气贴背，敛入脊骨。内固精神，外示安逸。迈步如猫行。运动如抽丝，全神竟在精神，不在气。在气则滞，有气者无力，无气者纯钢。气若车轮，腰若车轴。

打手歌

掤攌挤按须认真，上下相随人难进。任他巨力来打我，牵动四两拨千斤。引进落空合即出，黏连黏随不丢顶。

又曰，彼不动，己不动，彼微动，己先动。动似松非松，将展未展，劲断意不断。以上三节，极为简明。所以太极拳之要义，前项已经分析详注毋庸赘解。

太极拳各势名称

（1）预备式（2）揽雀尾（3）单鞭（4）提手（5）白鹤亮翅

(6)摟膝拗步 (7)手揮琵琶 (8)左右摟膝拗步 (9)手揮琵琶 (10)進步搬攔錘
(11)如封似閉 (12)十字手 (13)抱虎歸山 (14)肘底看錘 (15)倒輦猴
(16)斜飛式 (17)提手 (18)白鶴亮翅 (19)摟膝拗步 (20)海底針
(27)扇通臂 (22)撇身錘 (23)上步搬攔錘 (24)攬雀尾 (25)單鞭
(26)雲手 (27)單鞭 (28)高探馬 (29)右分腳 (30)左分腳
(31)轉身蹬腳 (32)左右摟膝拗步 (33)進步栽錘 (34)翻身白蛇吐信 (35)上步搬攔錘
(36)右蹬腳 (37)左右披身伏虎 (38)回身蹬腳 (39)雙風貫耳 (40)左蹬腳
(41)轉身蹬腳 (42)上步搬攔錘 (43)如封似閉 (44)十字手 (45)抱虎歸山
(46)斜單鞭 (47)野馬分鬃 (48)上步攬雀尾 (49)單鞭 (50)玉女穿梭
(51)上步攬雀尾 (52)單鞭 (53)雲手 (54)單鞭下勢 (55)金雞獨立
(56)倒輦猴 (57)斜飛勢 (58)提手 (59)白鶴亮翅 (60)摟膝拗步

（6）搂膝拗步（7）手挥琵琶（8）左右搂膝拗步（9）手挥琵琶（10）进步搬拦锤（11）如封似闭（12）十字手（13）抱虎归山（14）肘底看锤（15）倒撵猴（16）斜飞式（17）提手（18）白鹤亮翅（19）搂膝拗步（20）海底针（21）扇通臂（22）撇身锤（23）上步搬拦锤（24）揽雀尾（25）单鞭（26）云手（27）单鞭（28）高探马（29）右分脚（30）左分脚（31）转身蹬脚（32）左右搂膝拗步（33）进步栽锤（34）翻身白蛇吐信（35）上步搬拦锤（36）右蹬脚（37）左右披身伏虎（38）回身蹬脚（39）双风贯耳（40）左蹬脚（41）转身蹬脚（42）上步搬拦锤（43）如封似闭（44）十字手（45）抱虎归山（46）斜单鞭（47）野马分鬃（48）上步揽雀尾（49）单鞭（50）玉女穿梭（51）上步揽雀尾（52）单鞭（53）云手（54）单鞭下势（55）金鸡独立（56）倒撵猴（57）斜飞势（58）提手（59）白鹤亮翅（60）搂膝拗步

(61)海底針　(62)扇通臂　(63)撇身錘　(64)上步搬攔錘　(65)進步攬雀尾
(66)單鞭　(67)雲手　(68)單鞭　(69)高探馬　(70)十字腿
(71)摟膝指膽捶　(72)上步攬雀尾　(73)單鞭下勢　(74)上步七星　(75)退步跨虎
(76)轉脚擺蓮　(77)灣弓射虎　(78)上步搬攔錘　(79)如封似閉　(80)十字手
(81)合太極

第十章　太極拳各勢圖解

(一)　預備式

(意義)預備式。(一名無極式)為太極拳開始第一式。混混淪淪。無我無他。微一着意。即為太極。所謂由無極而太極是也。此不過心理作用。然皆一預備式而已。此式為各式之母。注重於神。理想於氣。順其自然之呼吸。此時眼神向上約視三十度。以精神學而言。向上視屬陰。陰氣上升頭目自清。向下視屬陽。陽火上撞頭目自暈。

（61）海底针（62）扇通臂（63）撇身锤（64）上步搬拦锤（65）进步揽雀尾（66）单鞭（67）云手（68）单鞭（69）高探马（70）十字腿（71）搂膝指膛捶（72）上步揽雀尾（73）单鞭下势（74）上步七星（75）退步跨虎（76）转脚摆莲（77）湾弓射虎（78）上步搬拦锤（79）如封似闭（80）十字手（81）合太极

第十章　太极拳各势图解

（1）预备式

（意义）预备式。（一名无极式）为太极拳开始第一式。混混沦沦。无我无他。微一着意。即为太极。所谓由无极而太极是也。此不过心理作用。然皆一预备式而已。此式为各式之母。注重于神。理想于气。顺其自然之呼吸。此时眼神向上约视三十度。以精神学而言。向上视属阴。阴气上升头目自清。向下视属阳。阳火上撞头目自晕。

故大凡人之遇事，或舉手問腦。或向上看天。此人所共知者。神若一凝。凡事應意而至。以現代心靈學家之作用。亦無外乎此理也。務須凝神一志。屏除雜念。俟其自覺心氣已臻沉靜。方可開始行第二式。此之謂由靜而動。

（功用）而外家以肉體支配技術。此則以精神支配肉體。神凝而氣歛。氣歛而精固。使之元神歸舍。氣達丹田。有暢達氣血之功。與袪病延年之效。順生理之自然。合衛生之要義。無論男女老幼。皆可練習。

（注意）頭宜頂勁。百會穴在頂。頭乃一身之領袖。後身向前挹勁。係堅固命門之意。因命門為全身之樞機。扣齒唇微開。蓋牙為骨稍。齒扣而力生。咽喉為全身之要隘。嚥津潤喉而神自活。頭要豎勁。肩要沉勁。氣要抱住丹田。會陰穴向上提勁。百會穴氣向下沉為順。會陰穴氣向上提為逆。兩足向下踩勁。足心要空。蓋足心為湧泉穴。足跟踩勁

第一圖 預備式

故大凡人之遇事，或举手问脑。或向上看天。此人所共知者。神若一凝。凡事应意而至。以现代心灵学家之作用。亦无外乎此理也。务须凝神一志。屏除杂念。俟其自觉心气已臻沉静。方可开始行第二式。此之谓由静而动。

（功用）而外家以肉体支配技术。此则以精神支配肉体。神凝而气敛。气敛而精固。使之元神归舍。气达丹田。有畅达气血之功。与祛病延年之效。顺生理之自然。合卫生之要义。无论男女老幼。皆可练习。

（注意）头宜顶劲。百会穴在顶。头乃一身之领袖。后身向前抱劲。系坚固命门之意。因命门为全身之枢机。扣齿唇微开。盖牙为骨稍。齿扣而力生。咽喉为全身之要隘。咽津润喉而神自活。头要竖劲。肩要沉劲。气要抱住丹田。会阴穴向上提劲。百会穴气向下沉为顺。会阴穴气向上提为遂。两足向下踩劲。足心要空。盖足心为涌泉穴。足跟踩劲。

。足尖抓動。雖然處處注意。然而週身又要靈活。切記絲毫不要有拙力。總以處處用意想像為主。

(動作圖說)開始時頭容正直。身體直立。眼向平視。兩手自然下垂。兩足平行分開。與肩同寬，以面向南出勢。(如上圖)

(2) 攬雀尾

(意義)攬雀尾之名稱。則取意命名而已。因動作輕靈。彷彿雀飛而過。以手能拈其尾。故而名之。又若兩手持雀尾隨其上下旋轉之意。又名攬切尾。如持敵人之臂亦如雀尾然。則應付自如隨心所欲之意也。

(功用)若持敵人之臂如雀尾狀。攬之以緩其前進之力。乘勢前切而擲之也。此則微加解說。若練至功深處。以意斂神。由靜而動。無為而成。一旦豁然貫通。無不從心所欲也。

足尖抓劲。虽然处处注意。然而周身又要灵活。切记丝毫不要有拙力。总以处处用意想像为主。

（动作图说）开始时头容正直。身体直立。眼向平视。两手自然下垂。两足平行分开。与肩同宽，以面向南出势（**第一图**）。

（2）揽雀尾

（意义）揽雀尾之名称。则取意命名而已。因动作轻灵。仿佛雀飞而过。以手能拈其尾。故而名之。又若两手持雀尾随其上下旋转之意。又名揽切尾。如持敌人之臂亦如雀尾然。则应付自如随心所欲之意也。

（功用）若持敌人之臂如雀尾状。揽之以缓其前进之力。乘势前切而掷之也。此则微加解说。若练至功深处。以意敛神。由静而动。无为而成。一旦豁然贯通。无不从心所欲也。

（注意）練習時純以神行。切莫用力。手指路線均須成一圜形。眼神須隨手足腰而變動。脊背鬆開。尾閭中正。足跟蹬力。神貫於頂。每蓬蹬足時。足根切莫離地。每逢發手時。必須意達於稍。勿加絲毫之力。勿似絲毫之氣。每一動作。均須肩沉肘墜。鬆腰坐腿。而太極拳中。最難練。最注要者。即為攬雀尾。此式為太極拳中之基礎。故練習時均須格外審慎也。

第二圖

攬雀尾第一式

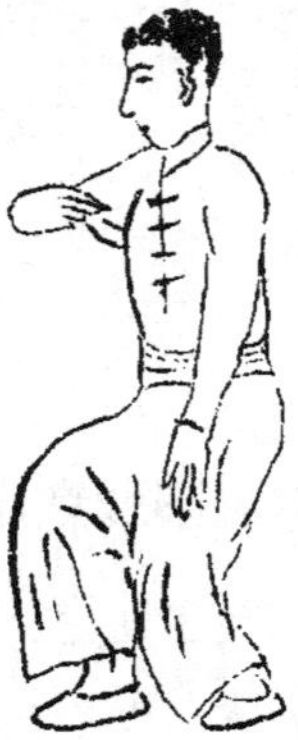

（動作圖說）兩手毫不着力。原姿勢向前向上抬起。以指與胸齊為標準。復向下蹲，全身重量落在兩小腿上，目視左臂肘手之間。若兩手持雀頭尾狀。隨其上下旋轉之意。隨即左臂微向下垂。成四十五度之形勢。全身半面向左轉，兩足以足尖作軸。隨身體轉成斜方角形。同時右臂向回抽動。右肩仍須向前推動。目視右臂肘手之間。左肩左腰左足成一直直線。面仍向南。如第一式圖。

（注意）练习时纯以神行。切莫用力。手指路线均须成一圆形。眼神须随手足腰而变动。脊背松开。尾闾中正。足跟蹬力。神贯于顶。每逢蹬足时。足根切莫离地。每逢发手时。必须意达于稍。勿加丝毫之力。勿努丝毫之气。每一动作。均须肩沉肘坠。松腰坐腿。而太极拳中。最难练。最注要者。即为揽雀尾。此式为太极拳中之基础。故练习时均须格外审慎也。

（动作图说）两手毫不着力。原姿势向前向上抬起。以抬与胸齐为标准。复向下蹲，全身重量落在两小腿上。目视左臂肘手之间。若两手持雀头尾状。随其上下旋转之意。随即左臂微向下垂。成四十五度之形势。全身半面向左转。两足以足尖作轴。随身体转成斜方角形。同时右臂向回抽劲。右肩仍须向前摧劲。目视右臂肘手之间。左肩左腰左足成一立直线。面仍向南。如第一式图（**第二图**）。

第三圖 攬雀尾第二式

第四圖 攬雀尾第三式

由前式原姿式不動。左手摟回。與右肘成一立直線。手心向上。左足亦同時抽至右足脛骨旁。足掌離地約一寸許。左足向左前右踏出一步。全身之力坐於坐腿。成為弓箭步。左手同時亦向左前方掤出。手心向裏。右手在左手小臂中部。亦同時落下。垂在左足之右後方。兩足與右手之落點成一銳角形。此時目視左臂肘手之間。此式即名為左掤。面仍向南如第二式圖。

左手不動。左足尖向裏扣。約四十五度之形勢。右足近至左足脛骨旁。離地亦約寸許。足尖向前。右手同時按至左肘下。全身同時向右轉。右足向右前方踏出一步。右手亦同時掤出。左手在臂臂肘手之間同時垂下

由前式原姿式不动。左手搂回。与右肘成一立直线。手心向上。左足亦同时抽至右足胫骨旁。足掌离地约一寸许。左足向左前右踏出一步。全身之力坐于坐腿。成为弓箭步。左手同时亦向左前方挪出。手心向里。右手在左手小臂中部。亦同时落下。垂在左足之右后方。两足与右手之落点成一锐角形。此时目视左臂肘手之间。此式即名为左掤。面仍向南如第二式图（**第三图**）。

左手不动。左足尖向里扣。约四十五度之形势。右足近至左足胫骨旁。离地亦约寸许。足尖向前。右手同时按至左肘下。全身同时向右转。右足向右前方踏出一步。右手亦同时掤出左手在臂臂肘手之间同时垂下。

第五圖
攬雀尾第四式

第六圖
攬雀尾第五式

。兩足與左手之落點亦成一銳角形。目視右臂肘手之間。此式即名為右掤。面向西。如第三式圖。右臂伸直。手心向下。左手亦同時抬起。手心向上。兩手距離尺許。同時全身力量移於左腿。目視右手食指。兩手隨身體向後坐時同時攦回。目視左前方。身向後坐時均勿左傾右斜。左肩左胯左足跟成一立直線。右足足尖要抓地。此即為攦。面仍向西。為第四式圖。

在上式身體坐回時。右臂即抬起。如抱物狀。手心向裏。左手亦抬起。手心向外，手指立起。擱在左臂肘間。徐徐擠出。全身重量徐徐挪在右腿。左手隨擠隨向右手間挪動。抬右臂時目即注視右臂肘手之向。蹬左足時足跟勿抬起。此即為擠。面仍向西。如第五式圖。

两足与左手之落点亦成一锐角形。目视右臂肘手之间。此式即名为右掤。面向西。如第三式图（**第四图**）。右臂伸直。手心向下。左手亦同时抬起。手心向上。两手距离尺许。同时全身力量移于左腿。目视右手食指。两手随身体向后坐时同时攦回。目视左前方。身向后坐时均勿左倾右斜。左肩左胯左足跟成一立直线。右足足尖要抓地。此即为攦。面仍向西。为第四式图（**第五图**）。

在上式身体坐回时。右臂即抬起。如抱物状。手心向里。左手亦抬起。手心向外。手指立起。搁在左臂肘间。徐徐挤出。全身重量徐徐挪在右腿。左手随挤随向右手间挪动。抬右臂时目即注视右臂肘手之向。蹬左足时足跟勿抬起。此即为挤。面仍向西。如第五式图（**第六图**）。

第七圖
攬雀尾第六式

第八圖
攬雀尾第七式

兩手均向前伸出。手心向下。手指向前。兩手之距離與肩同寬。此時目視兩手之間。兩肩下沉。兩肘下墜。全身徐徐後坐。兩手亦同時按回。目視左手。坐回之落點。上體不可有前栽後仰左斜右歪之病。坐回之時右腿勿伸直。兩手向下按時如按物狀。手與胸齊。面仍向西。如第六圖。

兩手掌再向下向外按力。左胯向前送力。左腿亦同時蹬力。兩手按到極處。微向上翹起。全身重量移向右腿。手仍與胸齊。目視右手。以上第六第七兩式均為攬雀尾之按。捋回時眼神由左手看至右手為一週。兩手向上起向下落向外按出亦為一週。按出後目視兩手中間。面仍向西。如第七式圖。

两手均向前伸出。手心向下。手指向前。两手之距离与肩同宽。此时目视两手之间。两肩下沉。两肘下坠。全身徐徐后坐。两手亦同时按回。目视左手。坐回之落点。上体不可有前栽后仰左斜右歪之病。坐回之时右腿勿伸直。两手向下按时如按物状。手与胸齐。面仍向西。如第六图（**第七图**）。

两手掌再向下向外按力。左胯向前送力。左腿亦同时蹬力。两手按到极处。微向上翘起。全身重量移向右腿。手仍与胸齐。目视右手。以上第六第七两式均为揽雀尾之按。拐回时眼神由左手看至右手为一周。两手向上起向下落向外按出亦为一周。按出后目视两手中间。面仍向西。如第七式图（**第八图**）。

（3） 單鞭

（意義）單者單手之意。鞭者即擊人之皮鞭也。凡太極拳中之椿步。通稱川字步。又名弓箭步。或名弓登步。即兩足一前一後。足尖俱向前。在兩點上。如。。形。或。。形是也。前後斜度及左右距離。宜就身軀高矮以為伸縮之標準。蹲身亦不可過度。若過於費力既與生理不合。且易引起呼吸短促。實為沉氣調息之大礙也。

（功用）單鞭之命名假若以鞭擊人之意。有點擊。劈擊。橫出。種種之擊法。蓋太極拳兩足時時變換虛實。使全身重量由兩腿輪流負擔。既可調劑疲勞。且予骨節以相當之活動。此太極拳合於生理之優點也。

（注意）前手向前運動時。須用通臂勁以助之。略含由上向下擊之意。兩前肩與後肩須成水平線。邁前足時須與手相隨。宜敏捷一致。切記凡是川字步。後足之足跟竭力向下蹬勁。足跟勿稍離地。因後足足根為領氣之源。項要豎勁。足根要蹬勁。則氣自

（3）单鞭

（意义）单者单手之意。鞭者即击人之皮鞭也。凡太极拳中之桩步。通称川字步。又名弓箭步。或名弓登步。即两足一前一后。足尖俱向前。在两点上。如〇〇形。或〇〇形。形是也。前后斜度反左右距离。宜就身躯高矮以为伸缩之标准。蹲身亦不可过度。若过于费力既与生理不合。且易引起呼吸短促。实为沉气调息之大碍也。

（功用）单鞭之命名假若以鞭击人之意。有点击。劈击。横出。种种之击法。盖太极拳两足时时变换虚实。使全身重量由两腿轮流负担。既可调剂疲劳。且予骨节以相当之活动。此太极拳合于生理之优点也。

（注意）前手向前运动时。须用通臂劲以助之。略含由上向下击之意。而前肩与后肩须成水平线。迈前足时须与手相随。宜敏捷一致。切记凡是川字步。后足之足跟竭力向下蹬劲。足跟勿稍离地。因后足足根为领气之源。项要竖劲。足根要蹬劲。则气自由脊發。前腿之膝切勿超過足尖。

（動作圖說）由前式兩手手指向前伸直。左足亦微微挪動。足根微向內合。全身重量徐徐移於左腿。同時上身以腰作軸。兩手伸直向左轉動。目視右手。轉至左後方時目即轉視左手。約轉二百四十度之圓週。此時全身之力左腿佔十分之 。左手前伸。右手下塌。手指微翹起。右足在身體轉動時足尖隨向裏扣。面向東北。如第一式圖。

上式不停。全身重量隨即向右腿移動。仍是以腰作軸。兩手成一平形綫。右手微高。左手微低。向右轉動。此時目視左手。轉至右後方時目即轉視右手。面向西北。為第二式圖。此式向左轉時。左手微高。右手微低。向右轉時。右手微高。左手微低。兩手平形之路線。均成一橢圓形。

第九圖 單鞭第一式

由脊发。前腿之膝切勿超过足尖。

（动作图说）由前式两手手指向前伸直。左足亦微微挪动。足根微向内合。全身重量徐徐移于左腿。同时上身以腰作轴。两手伸直向左转动。目视右手。转至左后方时目即转视左手。约转二百四十度之圆周。此时全身之力左腿占十分之□。左手前伸。右手下塌。手指微翘起。右足在身体转动时足尖随向里扣。面向东北。如第一式图（**第九图**）。上式不停。全身重量随即向右腿移动。仍是以腰作轴。两手成一平形线。右手微高。左手微低。向右转动。此时目视左手。转至右后方时目即转视右手。面向西北。为第二式图（**第十图**）。此式向左转时。左手微高。右手微低。向右转时。右手微高。左手微低。两手平形之路线。均成一椭圆形。

第十圖 單鞭第二式

第十一圖 單鞭第三式

右臂不動。右手提起。（俗呼勾頭手太極拳之提吊手）左手手指同時立起。左臂下垂。目視右手。左足抽回。靠左右足脛骨旁。原姿式不動。以右足尖作軸。全身向左後方轉動。全身約轉二百四十度之圓週。目仍視右手。面向西南。體向東北。如第三式圖。

第十二圖 單鞭第四式

右手不動。左手由下頦向前發出。左足亦同時邁出。以左膝不能超過足尖為步度大小之標準。此步即為

右臂不动。右手提起（俗呼勾头手太极拳名提吊手）。左手手指同时立起。左臂下垂。目视右手。左足抽回。靠左右足胫骨旁。原姿式不动。以右足尖作轴。全身向左后方转动。全身约转二百四十度之圆周。目仍视右手。面向西南。体向东北。如第三式图（**第十一图**）。

右手不动。左手由下颏向前发出。左足亦同时迈出。以左膝不能超过足尖为步度大小之标准。此步即为川字步。目視左手食指稍。面向東北。如第四式圖。

（4）提手

（意義）提者上提之意。如手提重物狀。此式與形意拳中之三體式略為相同。惟內勁不同耳。

（功用）此式雖極簡單。然善能應敵。若敵用拳迎面出來時。我即由上搭其臂。用腕擠擲之。或蹲身下坐。向上以擊之。用左手下按敵腕。右手上擊敵之頦鼻等處。

（注意）此式係練習脊骨之伸縮力。與力學有密切之關係。故練習此式之時。頭宜頂勁。兩臂宜鬆動。兩胯宜抱勁。兩腿宜坐勁。前足尖要抓地。後足跟切莫離地。左胯與左足跟成一立直線。右手之高度不可過肩。兩肩宜抱攏。下沉。肘宜竭力下墜。右手如提物。左手如擒物。右膝外開。左膝內合。掌心宜空。尾閭中正。氣沉丹田。

川字步。目视左手食指稍。面向东北。如第四式图（**第十二图**）。

（4）提手

（意义）提者上提之意。如手提重物状。此式与形意拳中之三体式略为相同。惟内劲不同耳。

（功用）此式虽极简单。然善能应敌。若敌用拳迎面出来时。我即由上搭其臂。用腕挤掷之。或蹲身下坐。向上以击之。用左手下按敌腕。右手上击敌之颏鼻等处。

（注意）此式系练习脊骨之伸缩力。与力学有密切之关系。故练习此式之时。头宜顶劲。两臂宜松劲。两胯宜抱劲。两腿宜坐劲。前足尖要抓地。后足跟切莫离地。左胯与左足跟成一立直线。右手之高度不可过肩。两肩宜抱拢。下沉。肘宜竭力下坠。右手如提物。左手如挤物。右膝外开。左膝内合。掌心宜空。尾闾中正。气沉丹田。

第十三圖 提手第一式

第十四圖 提手第二式

（動作圖說）右手不動。以右足尖作軸。右足跟微向裏轉成一直形。全身力量徐徐向右腿挪移。左手原姿勢向右轉動。左足尖抬起與左手同時亦向右轉動。轉至足尖向前。目視左手。與左手左足務須一致轉動。轉至身體正向南。左手對胸為止。如第一式圖。

左手不動。全身重量再徐徐向左腿挪移。左足跟抬起。微向裏扣。右足離地。右手之吊手亦隨身體挪動時與右足同時向左轉至對準胸前。即將吊手鬆開。肘往下沉。左手亦微沉。右足亦同時落地。右肩微前。左肩微後。成一側面形勢。目視右手。面正向南。如第二式圖。

（5）白鶴亮翅

（动作图说）右手不动。以右足尖作轴。右足跟微向里转成一直形。全身力量徐徐向右腿挪移。左手原姿势向右转动。左足尖抬起与左手同时亦向右转动。转至足尖向前。目视左手。与左手左足务须一致转动。转至身体正向南。左手对胸为止。如第一式图（**第十三图**）。

左手不动。全身重量再徐徐向左腿挪移。左足跟抬起。微向里扣。右足离地。右手之吊手亦随身体挪动时与右足同时向左转至对准胸前。即将吊手松开。肘往下沉。左手亦微沉。右足亦同时落地。右肩微前。左肩微后。成一侧面形势。目视右手。面正向南。如第二式图（**第十四图**）。

（5）白鹤亮翅

（意義）此式兩手兩足均為一上一下。一伸一屈。兩臂斜開。作鳥翼狀。如鶴之展翅。故觀華陀五禽經之鳥形。闡之鶴拳。婆羅門導引術第四式之鷺舞。及第十二式之鳳凰展翅。均取此意。此拳有斜展正展之別。實則斜為展翅。正為亮翅。右足實。左足虛。亦如鶴之獨立。右手斜伸。左手下按。又如鶴之展翅。以象形取義而得名。

（功用）此式善能伸縮運動胸背各部。對敵時或橫擊。或拎提。如敵在右側。則可用右臂上擠。右手亦可從敵腋下穿提上展。則敵必倒矣。此式並能引神貫頂。靈通於神。活潑於氣。週身血液暢達。則百病不生矣。

（注意）善能運動胸部及背部之伸縮力。練習時切記虛領頂勁。查人之頭部。大腦在焉。大腦皮質。有種種神經中樞。分司人體各機關之責。其重要自不待言。而頭容與直。為各家拳術所同有之姿式。正直之法。切記用力。用力則肌肉收縮。其流弊所至。不但有碍於血液之暢行。與呼吸之順利。且足使大腦皮質與腦脊髓間之連絡在無

（意义）此式两手两足均为一上一下。一伸一屈。两臂斜开。作鸟翼状。如鹤之展翅。故观华陀五禽经之鸟形。闽之鹤拳。婆罗门导引术第四式之鹤举。及第十二式之凤凰展翅。均取此意。此拳有斜展正展之别。实则斜为展翅。正为亮翅。右足实。左足虚。亦如鹤之独立。右手斜伸。左手下按。又如鹤之展翅。以象形取义而得名。

（功用）此式善能伸缩运动胸背各部。对敌时或横击。或拎提。如敌在右侧。则可用右臂上挤。右手亦可从敌腋下穿提上展。则敌必倒矣。此式并能引神贯顶。灵通于神。活泼于气。周身血液畅达。则百病不生矣。

（注意）善能运动胸部及背部之伸缩力。练习时切记虚领顶劲。查人之头部。大脑在焉。大脑皮质。有种种神经中枢。分司人体各机关之责。其重要自不待言。而头容要直。为各家拳术所同有之姿式。正直之法。切记用力。用力则肌肉收缩。其流弊所至。不但有碍于血液之畅行。与呼吸之顺利。且足使大脑皮质与脑脊髓间之连络在无形中發生許多障碍。及不良之影響。而學者豈可不審慎焉。

第十五圖　白鶴亮翅第一式

第十六圖　白鶴亮翅第二式

（動作圖說）承上式不停。左足以足根作軸。右足以足尖作軸。同時兩手貼近身體。自然落下。全身向左轉動。左手隨轉隨向上起。右手隨轉隨向下落。左足尖向前向外約成二十度之斜角。右足跟抬起向後蹬力。全身之力擱在左腿。目視左手。兩手距離尺許。如抱物狀。面向東。如第一式圖。

上體左足不動。右腿抽至左足脛骨旁。切莫着地。向右方微前橫踏出一步。足尖微向外撇。同時兩手如撕物狀。如白鶴之展翅。平形分開。右手心向上。微高。左手心向下。微低。兩手距離約二尺許。目視左前方兩手之中間。全

形中发生许多障碍。及不良之影响。而学者岂可不审慎焉。

（动作图说）承上式不停。左足以足根作轴。右足以足尖作轴。同时两手贴近身体。自然落下。全身向左转动。左手随转随向上起。右手随转随向下落。左足尖向前向外约成二十度之斜角。右足跟抬起向后蹬力。全身之力搁在左腿。目视左手。两手距离尺许。如抱物状。面向东。如第一式图（**第十五图**）。

上体左足不动。右腿抽至左足胫骨旁。切莫着地。向右方微前横踏出一步。足尖微向外撇。同时两手如撕物状。如白鹤之展翅。平形分开。右手心向上。微高。左手心向下。微低。两手距离约二尺许。目视左前方两手之中间。全身之力移向右腿。面仍向東。如第二式圖。

承上式不停。左腿抽回。足莫落地。貼近右足向前邁出半步。項要豎力。頭宜頂力。全身抬起。右手如提物狀。向上撐力。左手如按物狀。向下按力。右手之高度勿超過頭頂。右肘向前。左手貼近左肘。目平視。面仍向東。如第三式圖。

第十七圖
白鶴亮翅第三式

(6) 摟膝拗步

(意義)摟膝者。即手摟膝蓋之意。拗步者。即不順之步也。如出左足伸右手。出右足伸左手。此之謂拗步。雖其他拳術亦有此類之步。然內勁迴手不同也。

(功用)蓋太極拳重意不重形。明足以舒展筋骨。暗足以調和氣血。一切姿式。純任自然。平正簡易。毫不費力。實與人體各部之發達有補助之功。無妨害之弊也。遇敵由下方用拳或腿出來時。即可以順手向旁摟開。拗步前進。以手前推出其胸。

身之力移向右腿。面仍向东。如第二式图（第十六图）。

承上式不停。左腿抽回。足莫落地。贴近右足向前迈出半步。项要竖力。颈宜顶力。全身抬起。右手如提物状。向上撑力。左手如按物状。向下按力。右手之高度勿超过头顶。右肘向前。左手贴近左肘。目平视。面仍向东。如第三式图（第十七图）。

（6）搂膝拗步

（意义）搂膝者。即手搂膝盖之意。拗步者。即不顺之步也。如出左足伸右手。出右足伸左手。此之谓拗步。虽其他拳术亦有此类之步。然内劲迥乎不同也。

（功用）盖太极拳重意不重形。明足以舒展筋骨。暗足以调和气血。一切姿式。纯任自然。平正简易。毫不费力。实与人体各部之发达有补助之功。无妨害之弊也。遇敌由下方用拳或腿出来时。即可以顺手向旁搂开。拗步前进。以手前推出其胸。

（注意）此式若以原方向拍照。因恐兩手部位不清。故由正面拍照。練習時注意說明可也。兩臂之動作。全憑腰力運轉。兩肩塌力。前肘墜力。發出之手切莫伸直。足踵蹬勁。故此式係運動兩臂腰膝之屈伸力。此步即為前述之川字步。

（動作圖說）由前式右手向前向下落下。手心向上。左手向左向上抬起。貼於面之左部。距面約四寸許。目之視線由左而前而右。約半週。注視右手。全身亦隨之微向下坐。項宜豎勁。脊背宜鬆。全身重量落於右腿。兩足仍以原方向不動。姿式仍向東。如第一式圖。

第十八圖

左摟膝拗步第一式

原式不動。兩手自然下垂。左足順原方向抬起。離地約尺餘全身重量寄於右腿切莫蹬直。目視右後方。姿式仍向東。如第二式圖。

第十九圖

左摟膝拗步第二式

第二十圖

左摟膝拗步第三式

兩足皆不動。右手由後向上。所行之線為一百八十度之

（注意）此式若以原方向拍照。因恐两手部位不清。故由正面拍照。练习时注意说明可也。两臂之动作。全凭腰力运转。两肩塌力。前肘坠力。发出之手切莫伸直。足踵蹬劲。故此式系运动两臂腰膝之屈伸力。此步即为前述之川字步。

（动作图说）由前式右手向前向下落下。手心向上。左手向左向上抬起。贴于面之左部。距面约四寸许。目之视线由左而前而右。约半周。注视右手。全身亦随之微向下坐。项宜竖劲。脊背宜松。全身重量落于右腿。两足仍以原方向不动。姿式仍向东。如第一式图（**第十八图**）。

原式不动。两手自然下垂。左足顺原方向抬起。离地约尺余全身重量寄于右腿切莫蹬直。目视右后方。姿式仍向东。如第二式图（**第十九图**）。

两足皆不动。右手由后向上。所行之线为一百八十度之半週。貼近耳旁。手指向前　目視右手取一致動作。右手接近耳旁時目即前視。左手同時向左膝摟過停。於膝之左部。手指亦向前。後腿下坐。面向東。如第三式圖。

第二十一圖

左膝摟拗步第四式

左足向前闊出一大步。微偏左。成為川字步。左手向下按。手指向前。右手向耳旁發出。發手時肘宜沉力。掌心吐力。手指向上。後足蹬勁。目視右手。面向東。如第四式圖。

(7)　手揮琵琶

(意義)兩手如抱琵琶以指撫絃者然。此式雖極簡單。而意想極其複雜。蓋凡是一種運動。應確信其心有當然之效果。而加以想像之。如意欲行氣。則應作行氣想。如意欲沉重。則應作沉重想。如意欲沉氣。則應作氣沉丹田想。推之一切方法。皆應作如是想。此種方法一經道破。固極簡單。然其宏效則非常迅速也。亦如形意拳中之三

半周。贴近耳旁。手指向前。目视右手取一致动作。右手接近耳旁时目即前视。左手同时向左膝搂过停。于膝之左部。手指亦向前。后腿下坐。面向东。如第三式图（**第二十图**）。

左足向前开出一大步。微偏左。成为川字步。左手向下按。手指向前。右手向耳旁发出。发手时肘宜沉力。掌心吐力。手指向上。后足蹬劲。目视右手。面向东。如第四式图（**第二十一图**）。

（7）手挥琵琶

（意义）两手如抱琵琶以指抚弦者然。此式虽极简单。而意想极其复杂。盖凡是一种运动。应确信其心有当然之效果。而加以想像之。如意欲行气。则应作行气想。如意欲沉重。则应作沉重想。如意欲沉气。则应作气沉丹田想。推之一切方法。皆应作如是想。此种方法一经道破。固极简单。然其宏效则非常迅速也。亦如形意拳中之三體式。然其意義與提手略同。所不同者。惟吾人每一發手。多喜先出右手。此為拳家向例之通病。此式則獨操其左。久而自然。尤易出奇制勝也。

(功用)增進臂力。力能達稍。延長右腿之支撐力。遇敵丶久持。如敵當胸擊來時。吾即將右手向懷內後撤。以柔化其力。同時用左掌按其肩。猛向前推。此謂登堂入室。則必應手而仆矣。

(注意)進後足時。全身勿稍上聳。抬左手時。以全身之力由脊而肩而肘而手發之於稍。肘向下沉。手向下塌。右胯與右足踵成一立直線。

第二十二圖

手揮琵琶

(動作圖說)左足不動。右足向前進半步。左手順原方向撞起。如挑物狀。右手順原方向徽向下按。兩肘下垂。左足向前微進尺許。兩足之姿式與提手略同。惟反正不同耳。此步即名為子午樁。目視左手。面向東如上圖。

体式。然其意义与提手略同。所不同者。惟吾人每一发手。多喜先出右手。此为拳家向例之通病。此式则独操其左。久而自然。尤易出奇制胜也。

（功用）增进臂力。力能达稍。延长右腿之支撑力。遇敌——久持。如敌当胸击来时。吾即将右手向怀内后撤。以柔化其力。同时用左掌按其肩。猛向前推。此谓登堂入室。则必应手而仆矣。

（注意）进后足时。全身勿稍上耸。抬左手时。以全身之力由脊而肩而肘而手发之于稍。肘向下沉。手向下塌。右胯与右足踵成一立直线。

（动作图说）左足不动。右足向前进半步。左手顺原方向抬起。如挑物状。右手顺原方向微向下按。两肘下垂。左足向前微进尺许。两足之姿式与提手略同。惟反正不同耳。此步即名为子午桩。目视左手。面向东如上图（第二十二图）。

（8）左右摟膝拗步

左摟膝拗步一

此式與十八圖同。方向動作參看十八圖便可明瞭。不另插圖。唯十八圖係由白鶴亮翅化為摟膝拗步。此則以手揮琵琶變為摟膝拗步。左手向上屈回。靠近面之左部。右手順原方向微向下落。即與十八圖相同也。

左摟膝拗步二

此式與十九圖同。參看第十九圖。不另插圖。

左摟膝拗步三

此式與二十圖同。一切動作參看第二十圖。不另附圖。

左摟膝拗步四

此式意義與二十一圖同。參照第二十一圖便可了解。不另插圖。

（8）左右搂膝拗步

左搂膝拗步一

此式与十八图同。方向动作参看十八图便可明了。不另插图。唯十八图系由白鹤亮翅化为搂膝拗步。此则以手挥琵琶变为搂膝拗步。左手向上屈回。靠近面之左部。右手顺原方向微向下落。即与十八图相同也。

左搂膝拗步二

此式与十九图同。参看第十九图。不另插图。

左搂膝拗步三

此式与二十图同。一切动作参看第二十图。不另附图。

左搂膝拗步四

此式意义与二十一图同。参照第二十一图便可了解。不另插图。

右摟膝拗步一

此式意義。功用。注意。均與左摟膝拗步同。參看第十八圖摟膝拗步各條。便可明瞭。惟反正不同耳。

第二十三圖

右摟膝拗步第一式

第二十四圖

右摟膝拗步第二式

（動作圖說）承前式之左摟膝拗步。上身之體重移於右腿。左足尖翹起。右手微高舉。如抱物狀。左手微沉。如按物狀。右手之高度不可過頂。目視左前方。姿勢仍向東。如第一式圖。

兩足之姿勢不動。左足尖微外撇。約四十五度。全身重量寄於左腿。上體竭力下沉。同時左手順原方向向後橫出。手心向下。右手抽回。貼近面之右部。用腰轉力。全身成一螺螄形。後腿似屈非屈。似直非直。目視左手。面向西

右搂膝拗步一

此式意义。功用。注意。均与左搂膝拗步同。参看第十八图搂膝拗步各条。便可明了。惟反正不同耳。

（动作图说）承前式之左搂膝拗步。上身之体重移于右腿。左足尖翘起。右手微高举。如抱物状。左手微沉。如按物状。右手之高度不可过顶。目视左前方。姿势仍向东。如第一式图（**第二十三图**）。

两足之姿势不动。左足尖微外撇。约四十五度。全身重量寄于左腿。上体竭力下沉。同时左手顺原方向向后横出。手心向下。右手抽回。贴近面之右部。用腰转力。全身成一螺蛳形。后腿似屈非屈。似直非直。目视左手。面向西。

。姿勢仍向東。如第二式圖。

第二十五圖
右摟膝拗步第三式

左足之姿式不動。後足抽回。用左胯之力將上身撑起。兩手同時自然垂下。身體立起時右腿即挪在前方。目視兩手之中間。姿勢向東。面向西北。如第三式圖。

第二十六圖
右摟膝拗步第四式

下體不動。左手抬起肘下垂。貼近耳旁。右手伸直。由右膝摟過。停於膝右。上胯微下坐。目向前向下約視三十度。面向東。如第四式圖。

姿势仍向东。如第二式图（**第二十四图**）。

左足之姿式不动。后足抽回。用左胯之力将上身撑起。两手同时自然垂下。身体立起时右腿即挪在前方。目视两手之中间。姿势向东。面向西北。如第三式图（**第二十五图**）。

下体不动。左手抬起肘下垂。贴近耳旁。右手伸直。由右膝按过。停于膝右。上胯微下坐。目向前向下约视三十度。面向东。如第四式图（**第二十六图**）。

第二十七圖

右摟膝拗步第五式

右足向前開出一大步。右手下按。手指向前。靠於膝之右部。左手向前發出。掌心吐力。指翹肘垂。此步即為川字步。目視左手。全身向東。後足踵蹬勁。如第五式圖。

左摟膝拗步二

(注意)此式因使兩手明顯易學。故由正面拍照。凡此拳中之姿勢。注重使學者能可一目了然。故拍照時務求明顯以便易於模仿。練習時。切勿以照片之方向為拘。注意動作之說明可也。

第二十八圖

左摟膝拗步第一式

(動作圖說)承接右摟膝拗步第五式。兩足不動。全身向後坐左手微抽回。落於頭之左前方。右手翻至手心向上。兩手如抱重物。右足尖微翹起。目視右前方。姿式向東。如第一式圖。

右足向前开出一大步。右手下按。手指向前。靠于膝之右部。左手向前发出。掌心吐力。指翘肘垂。此步即为川字步。目视左手。全身向东。后足踵蹬劲。如第五式图（**第二十七图**）。

左搂膝拗步二

（注意）此式因使两手明显易学。故由正面拍照。凡此拳中之姿势。注重使学者能可一目了然。故拍照时务求明显以便易于模仿。练习时。切勿以照片之方向为拘。注意动作之说明可也。

（动作图说）承接右搂膝拗步第五式。两足不动。全身向后坐左手微抽回。落于头之左前方。右手翻至手心向上。两手如抱重物。右足尖微翘起。目视右前方。姿式向东。如第一式图（**第二十八图**）。

第二十九圖

左摟膝拗步第二式

下體不動。全身之力移於右腿。上體下坐。右手後撐。手心向外。左手屈回。肘下垂。貼近面之左部。手指向上。目視右手。左足踵抬起。姿勢向東。如第二式圖。

左摟膝拗步三

承上式兩臂自然下垂。全身立起。左足抽回抬起。離地尺許。右腿切莫蹬直。其意義姿式與第十九圖同。不另插圖。

左摟膝拗步四

此式與二十圖同。其動作圖說。參看第二十圖。不另插圖。

左摟膝拗步五

此式與二十一圖同。其意義動作說明。參看第二十一圖。不另插圖。

丁体不动,全身之力移于右腿。上体下坐。右手后撑。手心向外。左手屈回。肘下垂。贴近面之左部。手指向上。目视右手。左足踵抬起。姿势向东。如第二式图(**第二十九图**)。

左搂膝拗步三

承上式两臂自然下垂。全身立起。左足抽回抬起。离地尺许。右腿切莫蹬直。其意义姿式与第十九图同。不另插图。

左搂膝拗步四

此式与二十图同。其动作图说。参看第二十图。不另插图。

左搂膝步五

此式与二十一图同。其意义动作说明。参看第二十一图。不另插图。

（9）手揮琵琶

此式意義功用說明。均與二十一圖同。參看第二十一圖便可明瞭。不另插圖。

（10）進步搬攔錘

（意義）搬攔錘者。即搬開敵人之手。而攔阻之。復用拳迎擊之稱。南人稱拳為錘。此錘為太極拳五錘之一。五錘者。肘底看錘。撇身錘。進步栽錘。摟膝指腨錘。是也

（功用）敵拳當胸擊來時。即順手向外搬開。敵外逃。即攔之。乘勢且可直擊敵胸。此式善能活潑兩膀。並能延長腿力。明足以舒展筋骨。暗足以調和氣血。於人體各器官之發達。有密切關係也。

（注意）此式係運動脊椎。活潑肩膀。練習時。須空腋鬆肩。擊出之拳。不可握緊。蓋握緊則氣滯。而內力亦無由發出。發拳須用脊力擊出。後腿彎切莫蹬直。不可探身向

（9）手挥琵琶

此式意义功用说明。均与二十一图同。参看第二十一图便可明了。不另插图。

（10）进步搬拦锤

（意义）搬拦锤者。即搬开敌人之手。而拦阻之。复用拳迎击之称。南人称拳为锤。此锤为太极拳五锤之一。五锤者。则肘底看锤。撇身锤。进步栽锤。搂膝指膉锤。是也。

（功用）敌拳当胸击来时。即顺手向外搬开。敌外逃。即拦之。乘势且可直击敌胸。此式善能活泼两胯。并能延长腿力。明足以舒展筋骨。暗足以调和气血。于人体各器官之发达。有密切关系也。

（注意）此式系运动脊椎。活泼肩胯。练习时。须空腋松肩。击出之拳。不可握紧。盖握紧则气滞。而内力亦无由发出。发拳须用脊力击出。后腿湾切莫蹬直。不可探身向前。蓋採身則僅為腰力。易向前傾。

第三十圖　進步搬攔錘第一式

第三十一圖　進步搬攔錘第二式

（動作圖說）兩足之姿式不動。均以足尖作軸。左足轉成平橫。右足足尖對左足脛骨。成為丁字步形。全身下坐。以腰作軸。向左轉動。左手屈回緊靠右肩。右手由左腋下向後擊出。手心向上。右腿勿蹬直。目視右拳。姿式向東。面向西。如第一式圖。

左手不動。右手貼身抬起。向上向前轉動。翻至手心向上。左足尖在右手轉動時亦同時足尖翹起。以足跟為軸。轉至足尖向前。左手順右肘之直線向前發出。如劈物狀。同時右拳抽至右脅下。右足亦同時邁出。足掌落地。成為衡直。邁步時身體切勿抬起。目視左手。姿式向東。如第二式圖。

前。盖探身则仅为腰力。易向前倾。

（动作图说）两足之姿式不动。均以足尖作轴。左足转成平横。右足足尖对左足胫骨。成为丁字步形。全身下坐。以腰作轴。向左转动。左手屈回紧靠右肩。右手由左腋下向后击出。手心向上。右腿勿蹬直。目视右拳。姿式向东。面向西。如第一式图（**第三十图**）。

左手不动。右手贴身抬起。向上向前转动。翻至手心向上。左足尖在右手转动时亦同时足尖翘起。以足跟为轴。转至足尖向前。左手顺右肘之直线向前发出。如劈物状。同时右拳抽至右肋下。右足亦同时迈出。足掌落地。成为衡直，迈步时身体切勿抬起。目视左手。姿式向东。如第二式图（**第三十一图**）。

第三十二圖
進步搬攔錘第三式

左手不動。右足尖翹起。以足跟為軸。轉至足尖向前。右手順左手所指之方向向前擊出。拳眼向上。左足亦同時開出邁大步。切記邁步時身勿抬起。左手按在右手肘間。成為弓箭步。目視右拳。面向東。如第三式圖。

（二）如封似閉

（意義）封閉者即封鎖敵人之意。與岳氏連拳之外推手。形意拳之虎形。其意均同。惟虎形是子午跡。此則弓箭步耳。

（功用）用搬攔錘時。敵若以左手截吾右拳。即以左手從下方攔其手。右拳撤回。後出雙手向前推之。此式善能運動腰胯。伸縮兩臂。而太極拳有治病特效之原因。實由不使呼吸與循環稍失其常度。故雖有肺病者。亦可練之。定奏奇效。其他可治之病

左手不动。右足尖翘起。以足跟为轴。转至足尖向前。右手顺左手所指之方向向前击出。拳眼向上。左足亦同时开出迈大步。切记迈步时身勿抬起。左手按在右手肘间。成为弓箭步。目视右拳。面向东。如第三式图（**第三十二图**）。

（11）如封似闭

（意义）封闭者即封锁敌人之意。与岳氏连拳之外推手。形意拳之虎形。其意均同。惟虎形是子午迹。此则弓箭步耳。

（功用）用搬拦锤时。敌若以左手截吾右拳。即以左手从下方拦其手。右拳撤回。后出双手向前推之。此式善能运动腰胯。伸缩两臂。而太极拳有治病特效之原因。实由不使呼吸与循还丝毫失其常度。故虽有肺病者。亦可练之。定奏奇效。其他可治之病。

‧自不待言‧

（注意）撤拳時。須將拳帶回。全身後坐。切不可僅屈臂彎。搭腕時不可停滯。應須分開前推。分開時。兩肘須微曲。肘尖下垂近脅。不宜旁開使勁分散。前推時手掌宜前伸。掌心吐力。不可用正掌。

第三十三圖
如封似閉

（動作圖說）承上式右手不動。左手抽至右肘外。手心向外。同時右拳變為掌。手心向上。身體同時向後坐身。成為子午樁。兩手翻至手心向裏。面向東。如第一式圖。

如封似閉第二式

承接第一式兩足不動。兩手翻至手心向外。右足蹬力。向前發出。目視兩手之中間

自不待言。

（注意）撤拳时。须将拳带回。全身后坐。切不可仅屈臂弯。搭腕时不可停滞。应须分开前推。分开时。两肘须微曲。肘尖下垂近胁。不宜旁开使劲分散。前进时手掌宜前伸。掌心吐力。不可用正掌。

（动作图说）承上式右手不动。左手抽至右肘外。手心向外。同时右拳变为掌。手心向上。身体同时向后坐身。成为子午桩。两手翻至手心向里。面向东。如第一式图（第三十三图）。

如封似闭第二式

承接第一式两足不动。两手翻至手心向外。右足蹬力。向前发出。目视两手之中间。

。此式因與攬雀尾之按同。（即前第八圖）故不另插圖。所不同者。因第八圖係右足在前。此則左足在前耳。

（12） 十字手

（意義）十字手者。兩手交叉相搭如十字之謂也。凡兩式相連。轉折不便者。均可加十字手。以資銜接。

（功用）能運用兩臂。引勁達稍。增長足尖之抓力。與全身之坐力。

（注意）此式坐身時。上身切莫前傾。右臂抽回時不可過頂。身體站起時須速接下式。不可稍有停頓。

此式因与揽雀尾之按同（即前第八图）。故不另插图。所不同者。因第八图系右足在前。此则左足在前耳。

（12）十字手

（意义）十字手者。两手交叉相搭如十字之谓也。凡两式相连。转折不便者。均可加十字手。以资衔接。

（功用）能运用两臂。引劲达稍。增长足尖之抓力。与全身之坐力。

（注意）此式坐身时。上身切莫前倾。右臂抽回时不可过顶。身体站起时须速接下式。不可稍有停顿。

第三十四圖 十字手第一式

第三十五圖 十字手第二式

(動作圖說)承接如封似閉第二式。右手抽回。左手下按。全身向右轉動。左足尖同時以足跟為軸。向裏勾回轉至足尖向南。右足以足尖為軸。微向外撇。目視左前方之下。全體下坐。姿式向南。如第一式圖。

左足不動。右手下落。右手與右足同時收回。與肩同寬。停止。全身下蹲。右手在外。左手在裏。兩手手心均向裏。身體再徐徐上起。目視前方。面南。如第二式圖。

(13) 抱虎歸山

（动作图说）承接如封似闭第二式。右手抽回。左手下按。全身向右转动。左足尖同时以足跟为轴。向里勾回转至足尖向南。右足以足尖为轴。微向外撇。目视左前方之下。全体下坐。姿式向南。如第一式图（第三十四图）。

左足不动。右手下落。右手与右足同时收回。与肩同宽。停止。全身下蹲。右手在外。左手在里。两手手心均向里。身体再徐徐上起。目视前方。面南。如第二式图（第三十五图）。

（13）抱虎归山

（意義）抱虎歸山者。假若敵人為虎。抱而擲之也。又名抱虎推山。如敵思逃走。即乘勢前推。兩說均與理合。惟學者多於此式不加注意。以致與後式之擠按。誤為攬雀尾。學者宜慎之慎之。

（功用）倘敵自吾右後側擊來。宜以右手下按其臂。以左掌迎面擊之。若敵以左臂乘勢上抬。而左轉擊吾頭部。應即進身以右臂承接其臂根。圈右臂後以抱敵身。設敵欲遁逃時。可回身以右手外捌。雙手向前推其胸。

（注意）此式須以腰身運動肩臂。宜貫串氣。相連如抽絲為要。弓右足時背椎萬勿前挺。否則成為上重下輕之勢。最易受擊而倒。無論任何姿式。皆宜沉肩合胸為主。其氣自能暢達丹田也。

（意义）抱虎归山者。假若敌人为虎。抱而掷之也。又名抱虎推山。如敌思逃走。即乘势前推。两说均与理合。惟学者多于此式不加注意。以致与后式之挤按。误为揽雀尾。学者宜慎之慎之。

（功用）倘敌自吾右后侧击来。宜以右手下按其臂。以左掌迎面击之。若敌以左臂乘势上抬。而左转击吾头部。应即进身以右臂承接其臂根。圈右臂后以抱敌身。设敌欲遁逃时。可回身以右手外捌。双手向前推其胸。

（注意）此式须以腰身运动肩臂。宜贯串气。相连如抽丝为要。弓右足时背椎万勿前挺。否则成为上重下轻之势。最易受击而倒。无论任何姿式。皆宜沉肩合胸为主。其气自能畅达丹田也。

第三十六圖
抱虎歸山第一式

第三十七圖
抱虎歸山第二式

如第一式圖。

（動作圖說）承上式兩足。足尖作軸。身體向下蹲。向右轉動。兩手自然垂下。貼身向外劃一百八十度之圓週。全身重量寄於左腿。右足亦同時向右後方開出半步。兩手心均向下。目視右手。面向西北。兩足不動。左手向上向前劃半週之圓形。手心向下。右手下沉。翻至手心向上。兩足同時向前進步。目視左手。兩手如抱物狀。姿勢仍向西北如第二式圖。

（动作图说）承上式两足。足尖作轴。身体向下蹲。向右转动。两手自然垂下。贴身向外划一百八十度之圆周。全身重量寄于左腿。右足亦同时向右后方开出半步。两手心均向下。目视右手。面向西北。如第一式图（第三十六图）。

两足不动。左手向上向前划半周之圆形。手心向下。右手下沉。翻至手心向上。两足同时向前进步。目视左手。两手如抱物状。姿势仍向西北如第二式图（第三十七图）。

第三十八圖
抱虎歸山第三式

左手不動。右手向後而上而前劃一三百六十度之圓週。翻至手心向下。同時左手原姿式向下沉・翻至手心向上。身體下蹲。全身之力寄於左腿。此式與攬雀尾之擴微同。惟所行之線不同耳。姿式仍向西北。如第二式圖

抱虎歸山四

此式與第六圖落成之姿式同。所不同者惟内勁稍有差異・因其攬雀尾之擠。係平行擠出。此式則由下而上擠出。參照第六圖攬雀尾之擠。便可明瞭。不另插圖。

抱虎歸山五

承上式不停。兩手同時按回。與第七圖之按略同。所不同者惟此式係按至極矮之低

富山縣…印刷局代印

左手不动。右手向后而上而前划一三百六十度之圆周。翻至手心向下。同时左手原姿式向下沉。翻至手心向上。身体下蹲。全身之力寄于左腿。此式与揽雀尾之搌微同。惟所行之线不同耳。姿式仍向西北。如第二式图（**第三十八图**）。

抱虎归山四

此式与第六图落成之姿式同。所不同者惟内劲稍有差异。因其揽雀尾之挤。系平行挤出。此式则由下而上挤出。参照第六图揽雀尾之挤。便可明了。不另插图。

抱虎归山五

承上式不停。两手同时按回。与第七图之按略同。所不同者惟此式系按至极矮之低度。兩手與第七圖之按同。兩足與三十八圖之矮度同。可參照以上兩圖。便可明瞭。不另插圖。

抱虎歸山六

此式與第八圖攬雀尾之按完全相同。其稍差者。則此式係由矮處向上按出。參照第八圖。不另插圖。

(14)肘底看錘

(意義)一名肘底錘。又名肘下錘。有謂此式意在看守門户。防敵襲擊之意。我云則不然。而內蘊衝擊黏手搖身劈擊之手法。若模仿大概較易。若實際懂勁則難。凡是一種勁。其中含有抵抗性。不問勁之大小。皆可謂之剛勁。反之若一種勁。能隨敵勁以為伸縮。不含抵抗性者。應皆謂之柔勁。若無柔勁。偶遇勁敵。便無復活之望。此種剛勁。亦可謂之死勁。剛勁以强為勝。遇敵則折。勢所必然。其致敗之由。雖與

度。两手与第七图之按同。两足与三十八图之矮度同。可参照以上两图。便可明了。不另插图。

抱虎归山六

此式与第八图揽雀尾之按完全相同。其稍差者。则此式系由矮处向上按出。参照第八图。不另插图。

（14）肘底看锤

（意义）一名肘底锤。又名肘下锤。有谓此式意在看守门户。防敌袭击之意。我云则不然。而内蕴冲击黏手摇身劈击之手法。若模仿大概较易。若实际懂劲则难。凡是一种劲。其中含有抵抗性。不问劲之大小。皆可谓之刚劲。反之若一种劲。能随敌劲以为伸缩。不含抵抗性者。应皆谓之柔动。若无柔动。偶遇劲敌。便无复活之望。此种刚劲。亦可谓之死劲。刚劲以强为胜。遇敌则折。势所必然。其致败之由。虽与死勁不同。然其結果則無差異。若以活勁與死勁較。則勝敗之數。不卜可知。學者對於此式之勁。萬勿忽視。應詳加注意焉。

（功用）此式善能活潑週身之關節。與暢達血液之循還。久練着熟。自可從心所欲。

（注意）宜注意三合。即肩與胯合。肘與膝合。手與足合是也。於出拳時身須隨之微向前有含胸之意。同時尤宜鬆腕聳身。

（動作圖說）承接上式之按。其動作解說均與第九圖同。不另插圖。此式即為肘底錘之第一式。面向東。

肘底看錘 二

此式動作解說意義均與第十圖同。不另插圖。惟右足微向外撇。承第二式右足不動

死劲不同。然其结果则无差异。若以活劲与死劲较。则胜败之数。不卜可知。学者对于此式之劲。万勿忽视。应详加注意焉。

（功用）此式善能活泼周身之关节。与畅达血液之循还。久练着熟。自可从心所欲。

（注意）宜注意三合。即肩与胯合。肘与膝合。手与足合是也。于出拳时身须随之微向前有含胸之意。同时尤宜松腕耸身。

（动作图说）承接上式之按。其动作解说均与第九图同。不另插图。此式即为肘底锤之第一式。面向东。

肘底看锤二

此式动作解说意义均与第十图同。不另插图。惟右足微向外撇。承第二式右足不动。

第三十九圖
肘底看錘第三式

第四十圖
肘底看錘第四式

。左足抽至右足脛骨旁不停。足尖向外撇。向左開出一大步。左手與左足皆為同一動作。手足所行之平行線約二百四十度。左手心向上。右手心向下。面向南。如第三式圖。

左足不動。右足與右手同時向前劃一百八十度之平行線。兩手同時向左後方轉動。左拳勾回。手心向上停於左脇。右手停於身體之左。目視左拳。全身之力寄於右腿。兩足尖向東。姿勢亦向東。如第四式圖。

左足抽至右足胫骨旁不停。足尖向外撇。向左开出一大步。左手与左足皆为同一动作。手足所行之平行线约二百四十度。左手心向上。右手心向下。面向南。如第三式图（**第三十九图**）。

左足不动。右足与右手同时向前划一百八十度之平行线。两手同时向左后方转动。左拳勾回。手心向上停于左胁。右手停于身体之左。目视左拳。全身之力寄于右腿。两足尖向东。姿势亦向东。如第四式图（**第四十图**）。

第四十一圖
肘底看錘第五式

承上式不停。右手下按握拳。左拳前出變掌。左足提起靠近右足之脛骨旁向前開出一步。成為子午樁。目視左手。右拳擱於左肘下。面與姿式均向東。如第五式圖。

(15) 倒攆猴

(意義)倒攆猴者。則取其輕靈敏捷進退自如之意。以其退步之速。能追逐於猴而故名。或語猴善撲人以退步能避其鋒。又名倒攆後。即向後倒退引敵趕來。隨以手乘勢襲擊之意。

(功用)設敵以拳擊或足踢時。即以前手下撥。後手迎面前擊。

(注意)兩腿灣須微曲。足尖與足跟前後宜成直線。頭宜頂。身軀宜正。穀道內提。

承上式不停。右手下按握拳。左拳前出变掌。左足提起靠近右足之胫骨旁向前开出一步。成为子午桩。目视左手。右拳搁于左肘下。面与姿式均向东。如第五式图（**第四十一图**）。

（15）倒撵猴

（意义）倒撵猴者。则取其轻灵敏捷进退自如之意。以其退步之速。能追逐于猴而故名。或语猴善扑人以退步能避其锋。又名倒撵后。即向后倒退引敌赶来。随以手乘势袭击之意。

（功用）设敌以拳击或足踢时。即以前手下搌。后手迎面前击。

（注意）两腿湾须湾曲。足尖与足跟前后宜成直线。头宜顶。身躯宜正。谷道内提。

第四十二圖
右倒攆猴第一式

第四十三圖
右倒攆猴第二式

（動作圖說）承上式左手微下沉。右手變掌向後向上擊二百四十度之圓形。如抱物狀。同時左足後撤。姿式下沉。足跟抬起。成為丁字步之形勢。目視右手下上姿式向東。面向西。全身重量落於兩腿中間。如第一式圖。

兩足之距離不動。右足以足尖作軸。全身向左轉動。右手同時向前擊手心向下。左手後撤。擱於左脇下。手心向上。與形意拳之子午樁畧同。全身重量寄於左足。目視右手。姿式向東。如第二式圖。

（动作图说）承上式左手微下沉。右手变掌向后向上击二百四十度之圆形。如抱物状。同时左足后撤。姿式下沉。足跟抬起。成为丁字步之形势。目视右手下上姿式向东。面向西。全身重量落于两腿中间。如第一式图（**第四十二图**）。

两足之距离不动。右足以足尖作轴。全身向左转动。右手同时向前击手心向下。左手后撤。搁于左肋下。手心向上。与形意拳之子午桩略同。全身重量寄于左足。目视右手。姿式向东。如第二式图（**第四十三图**）。

第四十四圖
左倒攆猴第一式

第四十五圖
左倒攆猴第二式

右手下沉。左手向後向上擊半圓形。約二百四十度。如抱物狀。同時右足後撤。姿式下沉。足跟抬起。成為丁字步之形勢。目視左手。姿式向東。面向西。全身重量落於兩腿之中間。如第一式圖。

兩足之距離不動。左足以足尖作軸。全身向右轉動。左手同時向前擊手心向下。右手後撤。翻至手心向上。擱於右脇下。目視左手。姿式向東。此式與第二式同。惟反正不同耳。如第二式圖。

右手下沉。左手向后向上击半圆形。约二百四十度。如抱物状。同时右足后撤。姿式下沉。足跟抬起。成为丁字步之形势。目视左手。姿式向东。面向西。全身重量落于两腿之中间。如第一式图（**第四十四图**）。

两足之距离不动。左足以足尖作轴。全身向右转动。左手同时向前击手心向下。右手后撤 。翻至手心向上。搁于右肋下。目视左手。姿式向东。此式与第二式同。惟反正不同耳。如第二式图（**第四十五图**）。

倒攆猴五

此式動作解說與第四十二圖同。不另插圖。

倒攆猴六

此式動作解說與第四十三圖同。不另插圖。

(16) 斜飛式

(意義)此式如鳥之展翅而飛。故名。

(功用)此為購手法。如右手與敵左手相搭。即以左腕上挑敵腕。以右手進擊之。

(注意)宜含胸拔背。以腰為主。開步斜飛時。兩肘須微沉。右手上挑。左手下按。兩手分開之時。如撕綿之意。

倒撵猴五

此式动作解说与第四十二图同。不另插图。

倒撵猴六

此式动作解说与第四十三图同。不另插图。

（16）斜飞式

（意义）此式如鸟之展翅而飞。故名。

（功用）此为腾手法。如右手与敌左手相搭。即以左腕上挑敌腕。以右手进击之。

（注意）宜含胸拔背。以腰为主。开步斜飞时。两肘须微沉。右手上挑。左手下按。两手分开之时。如撕绵之意。

第四十六圖
斜飛式第一式

第四十七圖
斜飛式第二式

（動作圖說）承第六式姿勢不動。左手在原方向抬起。翻至手心向下。右手下沉。落於臍之中間。手心向上。兩手如抱球狀。距離尺餘。目視兩手之中間。姿勢向東。如第一式圖。

右足抽回靠近左足脛骨。兩手不動。以左足尖作軸。全身向右轉九十度之角度。兩手斜形分開。向南開出一大步。左手心向下。右手心向上。目視左手。步為南北。姿勢向東。如第二式圖。

（动作图说）承第六式姿势不动。左手在原方向抬起。翻至手心向下。右手下沉。落于膛之中间。手心向上。两手如抱球状。距离尺余。目视两手之中间。姿势向东。如第一式图（**第四十六图**）。

右足抽回靠近左足胫骨。两手不动。以左足尖作轴。全身向右转九十度之角度。两手斜形分开。向南开出一大步。左手心向下。右手心向上。目视左手。步为南北。姿势向东。如第二式图（**第四十七图**）。

(17) 提手

承接斜飛式第二式。姿勢不動。左手與左足向前挪六十度之圓度。全身重量向左腿挪移。右手微向後撤。目之視線由左手而右手。落成之姿勢如第十四式同。

(18) 白鶴亮翅

白鶴亮翅一

此式意義動作解說均與第十五圖同。不另附圖。

白鶴亮翅二

此式動作解說第十六圖同。不另附圖。

白鶴亮翅三

此式動作解說與第十七圖同。不另附圖。

(19) 摟膝拗步

（17）提手

承接斜飞式第二式。姿势不动。左手与左足向前挪六十度之圆度。全身重量向左腿挪移。右手微向后撤。目之视线由左手而右手。落成之姿势如第十四式同。

（18）白鹤亮翅

白鹤亮翅一

此式意义动作解说均与第十五图同。不另附图。

白鹤亮翅二

此式动作解说第十六图同。不另附图。

白鹤亮翅三

此式动作解说与第十七图同。不另附图。

（19）搂膝拗步

左摟膝拗步一

此式意義動作解説。均與第十八圖同。不另插圖。

左摟膝拗步二

此式動作與第十九圖同。不另插圖。

左摟膝拗步三

此式動作與第二十圖同。不另插圖。

左摟膝拗步四

此式與二十一圖同。不另插圖。

(20) 海底針

(意義)有云此式係向下刺海底穴者。我云則不然。查海底穴為人體重要之穴。在前陰之後。後陰之前。襠之中間。此式既向下刺。焉能命中於對方襠之中間。我嘗云海底

左搂膝拗步一

此式意义动作解说。均与第十八图同。不另插图。

左搂膝拗步二

此式动作与第十九图同。不另插图。

左搂膝拗步三

此式动作与第二十图同。不另插图。

左搂膝拗步四

此式与二十一图同。不另插图。

（20）海底针

（意义）有云此式系向下刺海底穴者。我云则不然。查海底穴为人体重要之穴。在前阴之后。后阴之前。膪之中间。此式既向下刺。焉能命中于对方膪之中间。我尝云海底針為太極拳中最難練之姿勢。為蓄以待發之勢。重緊湊。成開展。譬如炮然。捲得愈緊。放得愈響。學者宜注意義。

(功用)涵胸乃使心窩微向內凹。俾內部橫膈板因胸部向內壓迫則氣自能降下。拔背乃使背部微如弓背之突出。回復初生時之垂直性。則內氣自能下降。鬆腰則腰自能下沉。腰沉氣亦必沉。使兩足增力。下盤穩固。

(注意)涵胸。拔背。鬆腰。萬勿拔腰。拔腰有提氣之弊。

第四十八圖 海底針

(動作圖說)承左摟膝拗步第四式。左足左手不動。右足向前進半步。右手抽回。目視右肘。左肘下沉。同時右手下刺。眼即轉視前方。每逢推手採人。用此式最為適宜。姿勢向東。如上圖。

(21)閃通臂

针为太极拳中最难练之姿势。为蓄以待发之势。重紧凑。戒开展。譬如炮然。卷得愈紧。放得愈响。学者宜注意义。

（功用）涵胸乃使心窝微向内凹。俾内部横膈板因胸部向内压迫则气自能降下。拔背乃使背部微如弓背之突出。回复初生时之垂直性。则内气自能下降。松腰则腰自能下沉。腰沉气亦必沉。使两足增力。下盘稳固。

（注意）涵胸，拔背。松腰。万勿拔腰。拔腰有提气之弊。

（动作图说）承左搂膝拗步第四式。左足左手不动。右足向前进半步。右手抽回。目视右肘。左肘下沉。同时右手下刺。眼即转视前方。每逢推手采人。用此式最为适宜。姿势向东。如上图（**第四十八图**）。

（21）闪通臂

（意義）通臂者。使脊背之力通於兩臂也。或云肩通臂擬兩臂為扇幅。脊椎為扇軸。如扇之分開狀。故而名之。

（功用）練習肩背之力。能達於稍。設敵以右手擊來。即上左腿。以右手反刁敵腕。舉臂上提。以左掌擊敵脅下。或以右手反刁。左手上托。則敵肘必段。

（注意）此式係練習腿力。及肩背之力。運動時。左掌心之力須向前與左腸骨相應。同時右臂之力。須於左手蹲身上起時宜使臀部下垂。則尾閭自然中正。蓋初練之人。稍稍蹲身。便將臀部外突。致使脊椎骨間受不自然之壓迫。實與氣分有極大之阻碍。

（意义）通臂者。使脊背之力通于两臂也。或云扇通臂拟两臂为扇幅。脊椎为扇轴。如扇之分开状。故而名之。

（功用）练习肩背之力。能达于稍。设敌以右手击来。即上左腿。以右手反刁敌腕。举臂上提。以左掌击敌肋下。或以右手反刁。左手上托。则敌肘必段。

（注意）此式系练习腿力。及肩背之力。运动时。左掌心之力须向前与左胁骨相应。同时右臂之力。须于左手蹲身上起时宜使臀部下垂。则尾闾自然中正。盖初练之人。稍稍蹲身。便将臀部外突。致使脊椎骨间受不自然之压迫。实与气分有极大之阻碍。

（動作圖說）下體不動。右手抬起。左手亦同時屈回。兩手如抱物狀。停於面前。左手向前擊出。左足同時向前闖出一大步。右手停於右額之前。姿勢向東。如上圖。

第四十九圖
閃通臂

（22）撇身錘

（意義）撇身錘者。使身折疊腰部後撇。復用腕進擊之謂。此錘為太極拳五錘之一。

（功用）靈活腰脊。堅實內腎。以意行氣。勁能直達於稍。倘敵人自後方擊來。吾可向後撇身。屈肘擒制敵臂。乘勢抬步握拳迎擊。

（意義）撇身時。手腿動作須以腰脊為樞紐。方能靈活自如。

（动作图说）下体不动。右手抬起。左手亦同时屈回。两手如抱物状。停于面前。左手向前击出。左足同时向前开出一大步。右手停于右额之前。姿势向东。如上图（**第四十九图**）。

（22）撇身锤

（意义）撇身锤者。使身折叠腰部后撇。复用腕进击之谓。此锤为太极拳五锤之一。

（功用）灵活腰脊。坚实内肾。以意行气。劲能直达于稍。倘敌人自后方击来。吾可向后撇身。屈肘擒制敌臂。乘势抬步握拳迎击。

（意义）撇身时。手腿动作须以腰脊为枢纽。方能灵活自如。

第五十圖

撇身錘第一式

第五十一圖

撇身錘第二式

（動作圖說）左手不動。全身重量微向右腿挪移。左足尖勾回。全身後轉。右手由額前經過。順勢落下。停於兩膝之間。左手順原姿勢屈回。靠近右肩。同時右足抬起。離地尺許。姿勢下沉。面向西。如第一式圖。

右手攥拳。貼胸向上向外轉三百六十度之圓形。翻至手心向上。左手由右肘間擊出。同時右足落地。成為川字步。目視左手。姿勢仍向西。如第二式圖。

（动作图说）左手不动。全身重量微向右腿挪移。左足尖勾回。全身后转。右手由额前经过。顺势落下。停于两膝之间。左手顺原姿势屈回。靠近右肩。同时右足抬起。离地尺许。姿势下沉。面向西。如第一式图（**第五十图**）。

右手攥拳。贴胸向上向外转三百六十度之圆形。翻至手心向上。左手由右肘间击出。同时右足落地。成为川字步。目视左手。姿势仍向西。如第二式图（**第五十一图**）。

(23)上步搬攔錘

此式意義。解說。功用。均與第二十一圖。三十二圖。同。不另附圖。參照前圖便可明瞭。

(24)攬雀尾

此式意義。功用。注意。解說。均與第二十三圖。第四。五。六。七。八。圖同。不另插圖。

(25)單鞭

此式意義。功用。注意。解說。均與第九。十。十一。十二。圖同。參照以上各圖。便可明瞭。不另插圖。

(26)雲手

(意義)雲手者。則手之運動盤旋回轉如雲之謂也。此爲太極拳中最要之姿式。兩手之旋

（23）**上步搬拦锤**

此式意义。解说。功用。均与第三十一图。三十二图。同。不另附图。参照前图便可明了。

（24）**揽雀尾**

此式意义。功用。注意。解说。均与第二十三图。第四。五。六。七。八。图同。不另插图。

（25）**单鞭**

此式意义。功用。注意。解说。均与第九。十。十一。十二。图同。参照以上各图。便可明了。不另插图。

（26）**云手**

（意义）云手者。则手之运动盘旋回转如云之谓也。此为太极拳中最要之姿式。两手之旋轉運行。與少林拳之左右攀擾手略同。

(功用)蓋進退。虛實。變化。有不得力處。亦全恃腰部轉動 以資補救 。故此式善能增進腰部之靈活。久之自可運用自如。設敵以左手自前向擊來時。即以右手向右邀攔。乘勢進擊。若自後襲擊吾右肩。即可以右手迎膈敵手。翻掌發勁擲出之。

第五十二圖
雲手第一式

第五十三圖
雲手第二式

(注意)雙手運行須圓轉如輪，眼神與腰與手均須一致。兩腿須竭力下坐。上體不宜搖擺。頭不宜左歪右斜。眼須注視運行之左右手。

(動作圖說)承接單鞭第四式。左手下沉。由下而右而上而前約轉一週。在左手之轉動時。左足尖裏扣。左腿之力稍向右腿移動。復歸於左足。右臂自然下沉。手心向下。目視左手掌心。姿式向南。如第一式圖。

转运行。与少林拳之左右攀援手略同。

（功用）盖进退。虚实。变化。有不得力处。亦全恃腰部转动。以资补救。故此式善能增进腰部之灵活。久之自可运用自如。设敌以左手自前面击来时。即以右手向右运开。乘势进击。若自后袭击吾右肩。即可以右手迎触敌手。翻掌发劲掷出之。

（注意）双手运行须圆转如轮。眼神与腰与手均须一致。而腿须竭力下坐。上体不宜摇摆。头不宜左歪右斜。眼须注视运行之左右手。

（动作图说）承接单鞭第四式。左手下沉。由下而右而上而前约转一周。在左手之转动时。左足尖里扣。左腿之力稍向右腿移动。复归于左足。右臂自然下沉。手心向下。目视左手掌心。姿式向南。如第一式图（**五十二图**）。

第五十四圖
雲手第三式圖

第五十五圖
雲手第四式圖

左足不動。左手下沉。隨沉隨翻。翻至手心向下。右手貼進身體。由下而左而上。手心向裏。同時右足向左跟進半步。兩足尖均向前。目視右手。姿式下蹲。面向南。如第二式圖。

右足不動。左足向左橫出一大步。右手向上向右翻至手心向外。左手同時。翻至手心向上。如抱物狀。目視右手。姿勢向南。如第三式圖。

兩足皆不動。左手順原方向指起。翻至手心向裏。右手同時下沉。全身之力微向左腿挪移。目視左手。姿勢向南。如第四式圖。

左足不动。左手下沉。随沉随翻。翻至手心向下。右手贴进身体。由下而左而上。手心向里。同时右足向左跟进半步。两足尖均向前。目视右手。姿式下蹲。面向南。如第二式图（**第五十三图**）。

右足不动。左足向左横出一大步。右手向上向右翻至手心向外。左手同时。翻至手心向上。如抱物状。目视右手。姿势向南。如第三式图（**第五十四图**）。

两足皆不动。左手顺原方向抬起。翻至手心向里。右手同时下沉。全身之力微向左腿挪移。目视左手。姿势向南。如第四式图（**第五十五图**）。

(說明)此式可以連貫練習。以上一式共分四動。(其四式共為雲手之一式)每逢練習時。或練三式。五式。七式。均可。總以單數為標準。切記練至與五十三圖相同時。方可接續以下之單鞭。

(27)單鞭

此式承接雲手之第二式。右手向外劃出。變為吊手。同時左手屈回。至手指向上。停於右脇間。左足抽回。貼近右足脛骨旁。目視右手。以右足尖為軸。轉至妥式正向東北。與第十一圖同。此式不停。接練下式。與第十二圖同。不另插圖。參看前圖便可明瞭。

(28)高探馬

(意義)高探馬者。即身體高聳。向前探出。如乘馬探身向前之意。

(功用)設敵以右手進擊吾胸。即以左手反勢下黏。右手用撲面掌進擊敵胸。

（说明）此式可以连贯练习。以上一式共分四动。（其四式共为云手之一式）每逢练习时。或练三式。五式。七式。均可。总以单数为标准。切记练至与五十三图相同时。方可接续以下之单鞭。

（27）单鞭

此式承接云手之第二式。右手向外划出。变为吊手。同时左手屈回。至手指向上。停于右胁间。左足抽回。贴近右足胫骨旁。目视右手。以右足尖为轴。转至姿式正向东北。与第十一图同。 此式不停。接练下式。与第十二图同。不另插图。参看前图便可明了。

（28）高探马

（意义）高探马者。即身体高耸。向前探出。如乘马探身向前之意。

（功用）设敌以右手进击吾胸。即以左手反势下黏。右手用扑面掌进击敌胸。

（注意）此式左足之落點。與右手之擊出均須起落一致。注意上下相隨。

（動作圖說）承接單鞭（與十二圖同）左足勿動。右足向前跟進半步。右手從右耳旁擊出。同時上身提起。兩膝微屈。左足微微向前挪出約十生的。足踵抬起。左手下沉。至手心向上。靠近左脇。目視右手。姿勢向東。如上圖。

第五十六圖　高探馬

(29)右分脚

（意義）右分脚者。即用脚向右分踢之意。蓋人體各部之發達在生理上均有一定之程序。而太極拳對於身體各部之發達。可云處處平均。無微不至。而足之一部。更切注要。其他拳術之練足。多以劇烈之運用。不但不合生理之程序。尚且發生許多之流弊。故太極拳行功時。一動無有不動。一靜無有不靜。於肢體任何部分。皆無偏重之虞。故在生理上。有補助之功。無妨害之弊。

（注意）此式左足之落点。与右手之击出均须起落一致。注意上下相随。

（动作图说）承接单鞭（与十二图同）左足勿动。右足向前跟进半步。右手从右耳旁击出。同时上身提起。两膝微屈。左足微微向前挪出约十生的。足踵抬起。左手下沉。至手心向上。靠近左肋。目视右手。姿势向东。如上图（**第五十六图**）。

（29）右分脚

（意义）右分脚者。即用脚向右分踢之意。盖人体各部之发达在生理上均有一定之程序。而太极拳对于身体各部之发达。可云处处平均。无微不至。而足之一部。更切注要。其他拳术之练足。多以剧烈之运用。不但不合生理之程序。尚且发生许多之流弊。故太极拳行功时。一动无有不动。一静无有不静。于肢体任何部分。皆无偏重之虞。故在生理上。有补助之功。无妨害之弊。

(功用)氣能行之於足。意能達之於稍。上擊下踢。手足齊至。發足之速度。超出他拳一倍以上。

(注意)此式須週身鬆開。須有頂勁。撤手擷手時。須手步一致。踢足時。兩臂宜成水平線。前足尖須平。後腿微屈。全身重量寄於後腿。

第五十七圖 右分脚第一式

第五十八圖 右分脚第二式

(動作圖說)承上式右足不動。兩手原姿勢以腰為軸。轉至右前方。左足微離地抽回磨脛之後不停。向左後方倒開出一大步。同時右足尖微扣。左手微抬起。翻至手心向裏。右手順勢落下。亦微抬起。翻至手心向裏。左手在內。右手在外。姿勢下沉。全身之力寄於左腿。目視兩手之中間。面與姿勢均向東北。如第一式圖。

（功用）气能行之于足。意能达之于稍。上击下踢。手足齐至。发足之速度。超出他拳一倍以上。

（注意）此式须周身松开。须有顶劲。撤手搌手时。须手步一致。踢足时。两臂宜成水平线。前足尖须平。后腿微屈。全身重量寄于后腿。

（动作图说）承上式右足不动。两手原姿势以腰为轴。转至右前方。左足微离地抽回磨胫之后不停。向左后方倒开出一大步。同时右足尖微扣。左手微抬起。翻至手心向里。右手顺势落下。亦微抬起。翻至手心向里。左手在内。右手在外。姿势下沉。全身之力寄于左腿。目视两手之中间。面与姿势均向东北。如第一式图（**第五十七图**）。

兩手左足皆不動。全身抬起。右足抽回。靠近左足脛骨旁。順勢抬起。向右前方分出。足尖向前探力。兩手同時分開。目視右足。面與姿勢均向東南。如第二式圖。

（30）左分腳

（意義說明）左分腳者。即左腳向左分踢之意。其意義。功用。注意。均與右分腳同。蓋太極拳練習極緩。而用時極速。其原因則輕鬆靈活。毫無阻滯之故也。他拳之練足。務求迅速。臨敵致用。未必是速。總因練時求速。被拙力所捆之故也。

（動作圖說）承上式左足不動。右足原姿式屈回。左手微向右挪動。停於左前方。右手微向左挪動。與左手為同一方向。左手微高。右手微低。兩肘均下垂。目視左手。面與姿勢均向東北。如第一式圖。

第五十九圖 左分腳第一式

两手左足皆不动。全身抬起。右足抽回。靠近左足胫骨旁。顺势抬起。向右前方分出。足尖向前探力。两手同时分开。目视右足。面与姿势均向东南。如第二式图（**第五十八图**）。

（30）左分脚

（意义说明）左分脚者。即左脚向左分踢之意。其意义。功用。注意。均与右分脚同。盖太极拳练习极缓。而用时极速。其原因则轻松灵活。毫无阻滞之故也。他拳之练足。务求迅速。临敌致用。未必是速。总因练时求速。被拙力所捆之故也。

（动作图说）承上式左足不动。右足原姿式屈回。左手微向右挪动。停于左前方。右手微向左挪动。与左手为同一方向。左手微高。右手微低。两肘均下垂。目视左手。面与姿势均向东北。如第一式图（**第五十九图**）。

第六十圖 左分脚第二式

第六十一圖 左分脚第三式

承上式以左足踵為軸。身體半面向右轉。右足向右開出一大步。兩手同時捧起。左手在外。右手在內。目視兩手之中間。右足在南。左足在北。預備提身分脚之意。如第二式圖。

右足不動。全身抬起。左足同時提起。向左前方分出。兩手亦同時分開。目視左足。面與姿勢均向東北。如第三式圖。

承上式以左足踵为轴。身体半面向右转。右足向右开出一大步。两手同时捧起。左手在外。右手在内。目视两手之中间。右足在南。左足在北。预备提身分脚之意。如第二式图（**第六十图**）。

右足不动。全身抬起。左足同时提起。向左前方分出。两手亦同时分开。目视左足。面与姿势均向东北。如第三式图（**第六十一图**）。

（31）轉身蹬脚

（意義）此式意義與分脚同。其稍差者一條足尖用力。一條足踵用力。所不同者。一條直接發力。一條旋轉發力。而轉身蹬脚之練習。實較分脚尤難。

（功用）設敵由身後襲擊時。即轉身避過。並可乘勢用足前蹬。兩手向左右分開。以護膝防敵之摟腿也

（注意）須渾身鬆開。全身之力寄於右足。向左轉身時上身宜直立。不可前俯。

第六十二圖
轉身蹬脚式

（動作圖說）兩手相合成十字形。左足收回仍提起。足尖下垂。右足立地。足尖隨身向左轉。同時兩足分開。左手在前。右手在後。左足蹬出。足踵用力。足尖向上向回勾勁。目視左足。姿勢向西。如上圖。

（31）转身蹬脚

（意义）此式意义与分脚同。其稍差者一系足尖用力。一系足踵用力。所不同者。一系直接发力。一系旋转发力。而转身蹬脚之练习。实较分脚尤难。

（功用）设敌由身后袭击时。即转身避过。并可乘势用足前蹬。两手向左右分开。以护膝防敌之搂腿也。

（注意）须浑身松开。全身之力寄于右足。向左转身时上身宜直立。不可前俯。

（动作图说）两手相合成十字形。左足收回仍提起。足尖下垂。右足立地。足尖随身向左转。同时两足分开。左手在前。右手在后。左足蹬出。足踵用力。足尖向上向回勾劲。目视左足。姿势向西。如上图（**第六十二图**）。

（32）　左右摟膝拗步

（說明）承上式左足收回。足尖下垂。向前邁步。隨以左手摟膝。右手擊出。以上兩式。與第二十圖。第二十一圖同。再接演右摟膝拗步以下之動作。均與第二十三圖。二十四圖。二十五圖。二十六圖。二十七圖。二十八圖。二十九圖。十九圖。二十圖同。不另插圖。參照以上各圖。便可明瞭。

（注意）演至與第二十圖相同處。右足立地。左足抬起。左手置於左膝旁。右手貼近右耳。即停止。預備接續以下之栽錘。

（33）　進步栽錘

（意義）進步栽錘者。即進步向前使拳由上下栽之謂也。此錘亦為太極拳中五錘之一。

（功用）設敵以足踢吾小腹時。吾可抬足以避其鋒。或以左手向外摟開。右手擊敵之小腹

（32）左右搂膝拗步

（说明）承上式左足收回。足尖下垂。向前迈步。随以左手搂膝。右手击出。以上两式。与第二十图。第二十一图同。再接演右搂膝拗步以下之动作。均与第二十三图。二十四图。二十五图。二十六图。二十七图。二十八图。二十九图。十九图。二十图同。不另插图。参照以上各图。便可明了。

（注意）演至与第二十图相同处。右足立地。左足抬起。左手置于左膝旁。右手贴近右耳。即停止。预备接续以下之栽锤。

（33）进步栽锤

（意义）进步栽锤者。即进步向前使拳由上下栽之谓也。此锤亦为太极拳中五锤之一。

（功用）设敌以足踢吾小腹时。吾可抬足以避其锋。或以左手向外搂开。右手击敌之小腹。

（注意）栽錘時。須用脊骨力。頭宜項。不可傾斜。摟左膝時。左手宜浮靠左膝。

（動作圖說）右足不動。左手摟膝。左足向前開出一大步。右手向下出。目視前方。左手指向前。面向西。如上圖。

第六十三圖
進步栽錘

（34）翻身白蛇吐信

（意義）蓋白蛇乃蘄州之毒蛇。口中有絲吐出。人誤觸之無有脫者。此式婉轉靈活。又髣髴若蛇。故以此名耳。

（功用）此式之用法與撇身錘略同。其形勢毫無差異。惟此式之轉身以腰部作軸。善能引化敵來之勁。

（注意）栽锤时。须用脊骨力。头宜顶。不可倾斜。搂左膝时。左手宜浮靠左膝。

（动作图说）右足不动。左手搂膝。左足向前开出一大步。右手向下出。目视前方。左手指向前。面向西。如上图（第六十三图）。

（34）翻身白蛇吐信

（意义）盖白蛇乃蕲州之毒蛇。口中有丝吐出。人误触之无有脱者。此式婉转灵活。又仿佛若蛇。故以此名耳。

（功用）此式之用法与撇身锤略同。其形势毫无差异。惟此式之转身以腰部作轴。善能引化敌来之劲。

（說明）承接上式右足以足尖為軸。左足以足跟為軸。全身之力微向右腿移動。右手變掌。與左手同時抬起。自額前經過。全身向右轉。左足尖勾回。兩手自然攏下。與前第三十八圖同不停。全身立起右手貼身翻起。左手順右肘間擊出。落成之姿勢與前第三十七圖同。惟中間結構動作不同耳。不另插圖。

（35）上步搬攔錘

此式意義解說均見前。承接白蛇吐信。右足抬起。足尖外撇。右手抬起。向前擊出。復收回向外搬。左手自右肘間擊出。全身向右轉。左足跟抬起。上體下沉。右手停於右肋間。目視左手。參看第三十一圖便可明瞭。承上式不停。即接演搬攔錘以下之動作。參看三十二圖之動作解說便可明瞭。不另插圖。此式之停止面與姿勢均向東。

（36）右蹬腳

（说明）承接上式右足以足尖为轴。左足以足跟为轴。全身之力微向右腿移动。右手变掌。与左手同时抬起。自额前经过。全身向右转。左足尖勾回。两手自然握下。与前第三十八图同不停。全身立起右手贴身翻起。左手顺右肘间击出。落成之姿势与前第三十七图同。惟中间结构动作不同耳。不另插图。

（35）上步搬拦锤

此式意义解说均见前。承接白蛇吐信。右足抬起。足尖外撇。右手抬起。向前击出。复收回向外搬。左手自右肘间击出。全身向右转。左足跟抬起。上体下沉。右手停于右肋间。目视左手。参看第三十一图便可明了。承上式不停。即接演搬拦锤以下之动作。参看三十二图之动作解说便可明了。不另插图。此式之停止面与姿势均向东。

（36）右蹬脚

此式意義。功用。注意。均與分脚。轉身蹬脚同。參照以上之解說。便可明瞭。不再贅述。

第六十四圖
右蹬脚第一式

第六十五圖
右蹬脚第二式

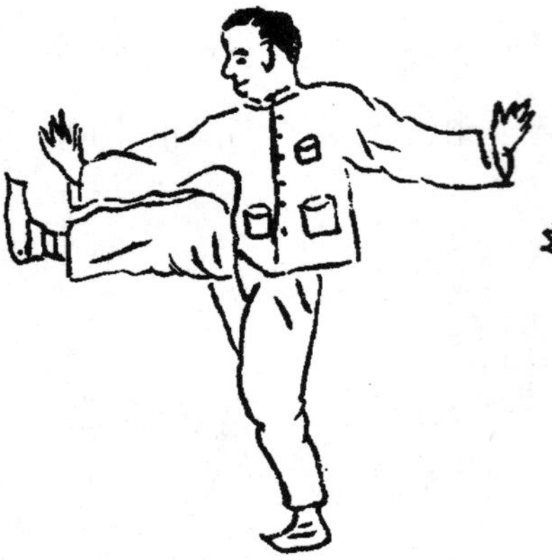

（動作圖說）承上式左足尖外撇。全身下坐。右足踵抬起。上身左轉。兩手分開。右手下落。左手微翹。兩手心均向內。面向東。預備向右蹬脚之意。如第一式圖。

左足不動。徐徐立起。右足順勢抬起。不可着力。右膝抬至靠近胸部。足尖勾回。向右蹬出。兩手同時分開。手與肩平。目視右足。姿勢向東。如第二式圖。

此式意义。功用。注意。均与分脚。转身蹬脚同。参照以上之解说。便可明了。不再赘述。

（动作图说）承上式左足尖外撇。全身下坐。右足踵抬起。上身左转。两手分开。右手下落。左手微翘。两手心均向内。面向东。预备向右蹬脚之意。如第一式图（**第六十四图**）。

左足不动。徐徐立起。右足顺势抬起。不可着力。右膝抬至靠近胸部。足尖勾回。向右蹬出。两手同时分开。手与肩平。目视右足。姿势向东。如第二式图（**第六十五图**）。

(37) 左右披身伏虎

(意義)此式之氣象。凶猛異常。用法精妙。類打虎意。故而名之。然雖蓄意凶猛。其形體亦甚和緩。其氣蘊於內。而不形於外。查人之性情不同。實與體質關係密切。凡稍知心理學者。皆能言之。而太極拳偏於柔道。練之既久。便可於不知不覺中。養成一種優美之習慣。若富有暴戾氣者。習之尤有明效。

(功用)活潑腰脊。增進橫勁。善能避敵。又能蓄勢。以守為攻。以退為進。

(注意)左右兩式之運行路線。宜成圓形。其交叉線。在大腹之前。左伏虎時。不可過傾於左。右伏虎時。不可過傾於右。以免失去重心。

第六十六圖
左披身伏虎第一式

(動作圖說)承右蹬脚第二式。左手左足不動。右手微下沉。右足順原方向收回。足尖垂直。目視右手。姿勢向東。如第一式圖。

（37）左右披身伏虎

（意义）此式之气象。凶猛异常。用法精妙。类打虎意。故而名之。然虽蓄意凶猛。其形体亦甚和缓。其气蕴于内。而不形于外。查人之性情不同。实与体质关系密切。凡稍知心理学者。皆能言之。而太极拳偏于柔道。练之既久。便可于不知不觉中。养成一种优美之习惯。若当有暴戾气者。习之尤有明效。

（功用）活泼腰脊。增进横劲。善能避敌。又能蓄势。以守为攻。以退为进。

（注意）左右两式之运行路线。宜成圆形。其交叉线。在大腹之前。左伏虎时。不可过倾于左。右伏虎时。不可过倾于右。以免失去重心。

（动作图说）承右蹬脚第二式。左手左足不动。右手微下沉。右足顺原方向收回。足尖垂直。目视右手。姿势向东。如第一式图（第六十六图）。

第六十七圖

左披身伏虎第二式

左足不動。右足落於左足處。左手往右與右手隨步隨腰往下往左圓轉而上。兩手握拳。手心向外。同時左足向左後方斜撤半步。身體向左轉。作左弓箭步式。右腿蹬直。右手由丹田而上至胸際。左手在額前。右手在胸之下。上下相對。姿勢向北。目前視。如第二式圖。

右披身伏虎一

姿勢不動。上身與右足同時提起。左足尖微向裏扣。身體亦隨之微向右轉。兩手皆變為掌。目視左手。此式與第五十九圖同。不另插圖。

承上式左足尖內轉。兩手隨腰右轉。右足向右後方斜撤半步。作右弓箭步式。同時左足不动。右足落于左足处。左手往右与右手随步随腰往下往左圆转而上。两手握拳。手心向外。同时左足向左后方斜撤半步。身体向左转。作左弓箭步式。右腿蹬直。右手由丹田而上至胸际。左手在额前。右手在胸之下。上下相对。姿势向北。目前视。如第二式图（**第六十七图**）。

右披身伏虎一

姿势不动。上身与右足同时提起。左足尖微向里扣。身体亦随之微向右转。两手皆变为掌。目视左手。此式与第五十九图同。不另插图。

承上式左足尖内转。两手随腰右转。右足向右后方斜撤半步。作右弓箭步式。同时

第六十八圖
右披身伏虎第二式

兩手抽回。如摟物狀。手右翻至手心向外。停於額前。左手亦翻至手心向外。停於胸之下。姿式向南。目前視。如第二式圖。

（38）回身蹬脚

（意義說明）此式意義。解說。均與前之分脚。蹬脚同。不再贅述。承上式兩手分開。全身向左轉。兩足尖抬起。同時亦向左轉。兩手重再交叉。姿勢向北。參看第五十七圖。便可明瞭。不另插圖。

回身蹬脚二

此式動作。解說。均與第六十五圖同。不另附圖。

两手抽回。如搂物状。手右翻至手心向外。停于额前。左手亦翻至手心向外。停于胸之下。姿式向南。目前视。如第二式图（**第六十八图**）。

（38）回身蹬脚

（意义说明）此式意义。解说。均与前之分脚。蹬脚同。不再赘述。承上式两手分开。全身向左转。两足尖抬起。同时亦向左转。两手重再交叉。姿势向北。参看第五十七图。便可明了。不另插图。

回身蹬脚二

此式动作。解说。均与第六十五图同。不另附图。

(39) 雙風貫耳

(意義)此式以兩拳自側方貫擊敵兩耳。敏捷如風之謂也。

(功用)第一式為過渡法。如敵人用足踢來。可抬右足以避之。如敵用拳擊我小腹。即將敵手格出。順勢貫敵兩耳。

(注意)兩臂運動須與兩足一致。始可完整一氣。活潑無滯。

第六十九圖 雙風貫耳第一式

第七十圖 雙風貫耳第二式

(動作圖說)承上式左足尖微扣。全身半面向右轉。右腿順勢屈回。竭力上提。兩手同時落下。置於右膝之前。手心向上。大指食指背伸開。餘三指背捲起。目前視。姿式正向東南。如第一式圖。兩足之姿勢不動。兩手向下向外分開。隨時皆變為拳。翻至手心向外。兩拳同時向中間發勁。右

（39）双风贯耳

（意义）此式以两拳自侧方贯击两耳。敏捷如风之谓也。

（功用）第一式为过渡法。如敌人用足踢来。可抬右足以避之。如敌用拳击我小腹。即将敌手格出。顺势贯敌两耳。

（注意）两臂运动须与两足一致。始可完整一气。活泼无滞。

（动作图说）承上式左足尖微扣。全身半面向右转。右腿顺势屈回。竭力上提。两手同时落下。置于右膝之前。手心向上。大指食指皆伸开。余三指皆卷起。目前视。姿式正向东南。如第一式图（第六十九图）。两足之姿势不动。两手向下向外分开。随时皆变为拳。翻至手心向外。两拳同时向中间发劲。右足向右前方踏出一步。目視兩手之中間。面與姿勢仍向東南。如第二式圖。

（七〇）左蹬脚

（意義說明）此式之意義。功用。注意。均見前。不再贅述。

（動作圖說）承上式左足不動。兩臂分開。皆變為掌。上身微向後坐。右足尖翹起。微外撇。兩手由外而下。相搭成十字形。全身之力寄於右足。左足踵抬起。兩手之大指食指皆伸展。餘三指皆捲起。姿勢仍向東南。惟面向東。如第一式圖。

第七十一圖　左蹬脚第一式

左蹬脚二

承接上式全身提起。左足亦同時抬起。向左蹬出。兩手亦同時分開。與第六十二圖同。不另插圖。

足向右前方踏出一步。目视两手之中间。面与姿势仍向东南。如第二式图（**第七十图**）。

（40）左蹬脚

（意义说明）此式之意义。功用。注意。均见前。不再赘述。

（动作图说）承上式左足不动。两臂分开。皆变为掌。上身微向后坐。右足尖翘起。微外撇。两手由外而下。相搭成十字形。全身之力寄于右足。左足踵抬起。两手之大指食指皆伸展。余三指皆卷起。姿势仍向东南。惟面向东。如第一式图（**第七十一图**）。

左蹬脚二

承接上式全身提起。左足亦同时抬起。向左蹬出。两手亦同时分开。与第六十二图同。不另插图。

（41）轉身蹬脚

（意義說明）此式之意義與前之蹬脚同。惟此式係由旋轉而後蹬出。故名轉身蹬脚。

第七十二圖
轉身蹬脚第一式

（動作圖說）承上式左足順勢收回。右足以足尖為軸。向右旋轉。約一百八十度。由身體向南轉成身體向北。同時兩手相搭如十字狀。停於額前。左足踢力横抬。右腿莫伸直。姿勢向北。目向東視。如第一式圖。

轉身蹬脚二

承上式右足不動。左足向左踏出一大步。兩手分開。重行交叉。落成之姿式與第五十七圖同。不另插圖。姿勢仍向北。

轉身蹬脚三

承上式全身立起。兩手分開。右足蹬出。與第六十五圖同。參照前圖便可明瞭。

（41）转身蹬脚

（意义说明）此式之意义与前之蹬脚同。惟此式系由旋转而后蹬出。故名转身蹬脚。

（动作图说）承上式左足顺势收回。右足以足尖为轴。向右旋转。约一百八十度。由身体向南转成身体向北。同时两手相搭如十字状。停于额前。左足竭力横抬。右腿莫伸直。姿势向北。目向东视。如第一式图（**第七十二图**）。

转身蹬脚二

承上式右足不动。左足向左踏出一大步。两手分开。重行交叉。落成之姿式与第五十七图同。不另插图。姿势仍向北。

转身蹬脚三

承上式全身立起。两手分开。右足蹬出。与第六十五图同。参照前图便可明了。

不另插圖。身之正面向北。面與右腿均向東。

（42）上步搬攔錘

此式之意義。解說。均見前。承上式之蹬脚。右足落下。足尖外撇。右手外搬。左手擊出。參照第三十一圖。便可明瞭。不另插圖。面與姿勢均向東。

上步搬攔錘二

此式與第三十二圖同。不另附圖。

（43）如封似閉

此式之意義。解說。均見前。參照前圖。便可明瞭。

如封似閉

此式與第三十三圖同。不另插圖。

（44）十字手

不另插图。身之正面向北。面与右腿均向东。

（42）上步搬拦锤

此式之意义。解说。均见前。承上式之蹬脚。右足落下。足尖外撇。右手外搬。左手击出。参照第三十一图。便可明了。不另插图。面与姿势均向东。

上步搬拦锤二

此式与第三十二图同。不另附图。

（43）如封似闭

此式之意义。解说。均见前。参照前图。便可明了。

如封似闭

此式与第三十三图同。不另插图。

（44）十字手

此式之意義。解說。均見前參照前圖。便可明瞭。不再贅述。

十字手一

此式與第三十四圖同。不另插圖。

十字手二

此式與第二十五圖同。不另插圖。此式落成之姿勢。面向南。

（45）抱虎歸山

此式之意義。解義。均見前。承十字手第二式。接演抱虎歸山。參看第三十六圖。第三十七圖。第三十八圖。第六圖。第七圖。第八圖。便可明瞭。不另插圖。此式落成之姿勢。面向西北。

（46）單鞭

（意義說明）編者參考各太極家均云此式為斜單鞭。而在練習時又與前之單鞭無絲毫之差

此式之意义。解说。均见前参照前图。便可明了。不再赘述。

十字手一

此式与第三十四图同。不另插图。

十字手二

此式与第三十五图同。不另插图。此式落成之姿势。面向南。

（45）抱虎归山

此式之意义。解义。均见前。承十字手第二式。接演抱虎归山。参看第三十六图。第三十七图。第三十八图。第六图。第七图。第八图。便可明了。不另插图。此落成之姿势。面向西北。

（46）单鞭

（意义说明）编者参考各太极家均云此式为斜单鞭。而在练习时又与前之单鞭无丝毫之差異。何故云為斜單鞭。編者對於此式深加考慮。實無用斜單鞭之必要 今故仍改為單鞭。

(動作圖說)承上式接演單鞭。與第九圖。第十圖。第十一圖。第十二圖。同。不另插圖。惟演至兩手向右雲時。右足尖微外撇。其餘之動作均相同。此勢之落點。尚與左手左足均向西南。

(廿) 野馬分鬃

(意義)野馬分鬃者。以此式之運動如野馬奔馳。兩手分展如馬鬃左右分披之謂也。

(功用)設敵進擊吾胸時。即可進按敵腕。順步至敵腿後。伸臂自敵腋下斜擊上挑。此式又善能活潑腰際。運動脊椎。增進精力。

(注意)兩臂分合須腰胯一致。沉肩。鬆腰。運行時須輕靈敏捷。方為合宜。

异。何故云为斜单鞭。编者对于此式深加考虑。实无用斜单鞭之必要。今故仍改为单鞭。

（动作图说）承上式接演单鞭。与第九图。第十图。第十一图。第十二图。同。不另插图。惟演至两手向右云时，右足尖微外撇。其余之动作均相同。此势之落点。面与左手左足均向西南。

（47）野马分鬃

（意义）野马分鬃者。以此式之运动如野马奔驰。两手分展如马鬃左右分披之谓也。

（功用）设敌进击吾胸时。即可进按敌腕。顺步至敌腿后。伸臂自敌腋下斜击上挑。此式又善能活泼腰际。运动脊椎。增进稍力。

（注意）两臂分合须腰胯一致。沉肩。松腰。运行时须轻灵敏捷。方为合宜。

第七十三圖
野馬分鬃第一式

第七十四圖
野馬分鬃第二式

(動作圖說)承上式之單鞭。上身微後坐。左足尖外撇。重量隨即重向左腿挪移。右足踵提起。左手順勢屈回。右手由腋下向左後方斜插。目即轉視右手。全身下坐。姿勢向西。面向東。如第一式圖。

左足不動。右足進至左足脛骨旁。不停。即向右前方踏出一大步。兩手隨同分開。如撕物狀。兩手與右足務須動作一致。目視右手。如第二式圖。

（动作图说）承上式之单鞭。上身微后坐。左足尖外撇。重量随即重向左腿挪移。右足踵提起。左手顺势屈回。右手由腋下向左后方斜插。目即转视右手。全身下坐。姿势向西。面向东。如第一式图（**第七十三图**）。

左足不动。右足进至左足胫骨旁。不停。即向右前方踏出一大步。两手随同分开。如撕物状。两手与右足务须动作一致。目视右手。如第二式图（**第七十四图**）。

第七十五圖
野馬分鬃第三式

第七十六圖
野馬分鬃第四式

上身微後坐。右足尖外撇。重量隨即重向右腿挪移。左足踵提起。右手順勢屈回。左手由腋下向右後方斜插。目轉視左手。全身下坐。姿勢向西。面向東。如第三式圖。

右足不動。左足進至右足脛骨旁不停。即向左前方踏出一大步。兩手隨同分開。如撕物狀。兩手與左足務須動作一致。目視左手。如第四式圖。

野馬分鬃五

此式與第七十三圖同。不另插圖。

上身微后坐。右足尖外撇。重量随即重向右腿挪移。左足踵提起。右手顺势屈回。左手由腋下向右后方斜插。目转视左手。全身下坐。姿势向西。面向东。如第三式图（**第七十五图**）。

右足不动。左足进至右足胫骨旁不停。即向左前方踏出一大步。两手随同分开。如撕物状。两手与左足务须动作一致。目视左手。如第四式图（**第七十六图**）。

野马分鬃五

此式与第七十三图同。不另插图。

野馬分鬃六

此式與第七十四圖同。不另插圖。

(48) 上步攬雀尾

此式之意義均見前。不再贅述。承上式右足尖微撇。右手微曲。左足進至右足脛骨旁。不停。向前進步。左手同時掤出。與第三圖。第四圖。第五圖。第六圖。第七圖。第八圖。同。參照以上各圖。便可明瞭。不另插圖。此式之落成。姿勢向西。

(49) 單 鞭

此式之意義均見前。不再贅述。承上式之攬雀尾。即接演此式。參照第九圖。第十圖。第十一圖。第十二圖。便可明瞭。不另插圖。

(50) 玉女穿梭

野马分鬃六

此式与第七十四图同。不另插图。

（48）上步揽雀尾

此式之意义均见前。不再赘述。承上式右足尖微撇。右手微曲。左足进至右足胫骨旁。不停。向前进步。左手同时掤出。与第三图。第四图。第五图。第六图。第七图。第八图。同。参照以上各图。便可明了。不另插图。此式之落成。姿势向西。

（49）单鞭

此式之意义均见前。不再赘述。承上式之揽雀尾。即接演此式。参照第九图。第十图。第十一图。第十二图。便可明了。不另插图。

（50）玉女穿梭

(意義)此式先前進。次後轉。又前進。復後轉。週行四隅。綿綿不斷。如穿梭狀。故名。

(功用)設敵以右手自正面擊來時。即可順左步右手上捧。左手隨步向敵臂按出。若敵自後側方擊來時。則可回身以捌手傍纏敵腕。隨進順步以順臂上捧敵臂伸手擊敵胸腹等處。

(注意)轉身時須腰步相隨。運用一致。方向雖斜。而身體姿勢仍宜中正。切記發掌時掌心間表示微有突意。以為引伸內勁之助。然亦不可誤為發勁。蓋過於用勁。則非僵即脆。僵則遲鈍。脆則勁斷。

（意义）此式先前进。次后转。又前进。复后转。周行四隅。绵绵不断。如穿梭状。故名。

（功用）设敌以右手自正面击来时。即可顺左步右手上捧。左手随步向敌臂按出。若敌自后侧方击来时。则可回身以拗手傍缠敌腕。随进顺步以顺臂上捧敌臂伸手击敌胸腋等处。

（注意）转身时须腰步相随。运用一致。方向虽斜。而身体姿势仍宜中正。切记发掌时掌心间表示微有突意。以为引伸内劲之助。然亦不可误为发劲。盖过于用劲。则非僵即脆。僵则迟钝。脆则劲断。

第七十七圖
玉女穿梭第一式

第七十八圖
玉女穿梭第二式

（動作圖說）承上式兩足仍原距離。全身向右轉。左足尖裏扣。右手變掌微翹。左手貼身向右肋斜插。手心向外。全身約轉一百八十度。右足尖外撇。左足踵抬起。全身下坐。由西向東北轉至西向西南。如第一式圖。

右足不動。左足進至右足脛骨旁。向左前方進步。左手上掤。右手屈回。順左手擊出。面與姿勢均向西南。如第二式圖。

玉女穿梭三

承接上式。右手抽回。左手下按。左足尖回扣。重量寄於右腿。參照第三十四圖便

（动作图说）承上式两足仍原距离。全身向右转。左足尖里扣。右手变掌微翘。左手贴身向右肋斜插。手心向外。全身约转一百八十度。右足尖外撇。左足踵抬起。全身下坐。由面向东北转至面向西南。如第一式图（**第七十七图**）。

右足不动。左足进至右足胫骨旁。向左前方进步。左手上掤。右手屈回。顺左手击出。面与姿势均向西南。如第二式图（**第七十八图**）。

玉女穿梭三

承接上式。右手抽回。左手下按。左足尖回扣。重量寄于右腿。参照第三十四图便可明瞭。不另插圖。

第七十九圖　玉女穿梭第四式

第八十圖　玉女穿梭第五式

承接上式。全身之力向左腿移動。右足抽回提起。全身右轉。以左足踵為軸。兩手自然下垂。右手上掤。左手順右手擊出。右足同時向前開出一大步。面與姿勢之方向由西南轉至東南。約經二百七十度。目前視。如第四式圖。

兩足之距離不動。右足尖外撇。左足踵抬起。全身下坐。重量寄於右腿。右手屈回。靠近左肩。左手向右肋斜插　手心向外。目視左前方。如第五式圖。

可明了。不另插图。

承接上式。全身之力向左腿移动。右足抽回提起。全身右转。以左足踵为轴。两手自然下垂。右手上掤。左手顺右手击出。右足同时向前开出一大步。面与姿势之方向由西南转至东南。约径二百七十度。目前视。如第四式图（**第七十九图**）。

两足之距离不动。右足尖外撇。左足踵抬起。全身下坐。重量寄于右腿。右手屈回。靠近左肩。左手向右肋斜插。手心向外。目视左前方。如第五式图（**第八十图**）。

承上式左足進至右足脛骨旁。不停。向左前方開出一大步。左手上掤。右手順左手擊出。此式與第七十八圖同。不另插圖。落成之方向。面與姿勢均向東北。

玉女穿梭七

此式與玉女穿梭第三式之動作解說同。參照第三十四圖。便可明瞭。不另插圖。

玉女穿梭八

此式與玉女穿梭第四式之動作。解說同。參照第七十九圖。便可明瞭。不另插圖。此式之落成。面與姿勢均向西北。

(引) 上步攬雀尾

承上式右手下沉。左手向前掤出。左足向前進步。參照前攬雀尾之第一圖。第四圖。第五圖。第六圖。第七圖。第八圖。便可明瞭。不另插圖。此式之落成面與姿勢均向西。

承上式左足进至右足胫骨旁。不停。向左前方开出一大步。左手上掤。右手顺左手击出。此式与第七十八图同。不另插图。落成之方向。面与姿势均向东北。

玉女穿梭七

此式与玉女穿梭第三式之动作解说同。参照第三十四图。便可明了。不另插图。

玉女穿梭八

此式与玉女穿梭第四式之动作。解说同。参照第七十九图。便可明了。不另插图。此式之落成。面与姿势均向西北。

（51）上步揽雀尾

承上式右手下沉。左手向前掤出。左足向前进步。参照前揽雀尾之第一图。第四图。第五图。第六图。第七图。第八图。便可明了。不另插图。此式之落成面与姿势均向西。

(52) 單鞭

此式承接上式。參照第九圖。第十圖。第十一圖。第十二圖。便可明瞭。不另插圖。

(53) 雲手

此式之啣接。解説。均見前。參照以前雲手各條。及第五十二圖。第五十三圖。第五十四圖。第五十五圖。便可明瞭。不另插圖。

(54) 單鞭下勢

(意義)單鞭下勢者。即由單鞭而身體下降之謂也。

(功用)敵以猛力撲吾身。或以兩手握吾臂。不能抵抗時。則可用蹲身下坐。揉避敵力。令其落空。即乘勢猛擊。其頭胸各部。

(注意)蹲身時脊骨須直立。不宜前傾。膝臂屈伸時。與身體之起落務須一致。

（52）单鞭

此式承接上式。参照第九图。第十图。第十一图。第十二图。便可明了。不另插图。

（53）云手

此式之衔接。解说。均见前。参照以前云手各条。及第五十二图。第五十三图。第五十四图。第五十五图。便可明了。不另插图。

（54）单鞭下势

（意义）单鞭下势者。即由单鞭而身体下降之谓也。

（功用）敌以猛力扑吾身。或以两手握吾臂。不能抵抗时。则可用蹲身下坐。揉避敌力。令其落空。即乘势猛击。其头胸各部。

（注意）蹲身时脊骨须直立。不宜前倾。膝臂屈伸时。与身体之起落务须一致。

第八十一圖
單鞭下勢

（動作圖說）承接第八十圖．與第五十三圖相同時．即變為吊手。左足微離地．靠近右足脛骨旁。即向左橫出一大步。全身隨即撲下。左手向前下方擊出。右手之姿勢不動。目視左手。全身向南。面與左手均向東。如上圖。

（55） 金鷄獨立

（意義）或云鷄善獨立。此式一足立地。一足提起。手臂上揚。作展翅狀。若金鷄獨立然。故名。

（功用）善能增進兩腿之支持力。與膝骨之彈力。和兩足之蹬力。

（注意）立地之腿．彎不可蹬直。蓋不如此。則全身重量偏於骨骼之支撑。不但有形勢不穩與變換不靈等弊。且肌肉各部之力。亦因之减少。在生理上。亦非所宜也。

（动作图说）承接云手，与第五十三图相同时，即变为吊手。左足微离地靠近右足胫骨旁。即向左横出一大步。全身随即扑下。左手向前下方击出。右手之姿势不动。目视左手。全身向南。面与左手均向东。如上图（**第八十一图**）。

（55）金鸡独立

（意义）或云鸡喜独立。此式一足立地。一足提起。手臂上扬。作展翅状。若金鸡独立然。故名。

（功用）善能增进两腿之支持力。与膝骨之弹力。和两足之蹬力。

（注意）立地之腿弯不可蹬直。盖不如此。则全身重量偏于骨骼之支撑。不但有形势不稳与变换不灵等弊。且肌肉各部之力。亦因之减少。在生理上。亦非所宜也。

第八十二圖　金雞獨立第一式

第八十三圖　金雞獨立第二式

（動作圖說）左足左手不動。右手掠地。順身向前向上穿出。手指向上。右足與手取一致動作提起。足掌宜平。左足尖亦同時微撤。左手下按。目前視。姿勢向東。如第一式圖。

承上式右足向右後方撤半步。右手亦同時下按。全身竭力下坐。左手抬起。手指向上。左腿與左手取一致動作。同時提起。足掌宜平。目前視。姿勢仍向東。如第二式圖。

（56）倒攆猴

（說明）此式意義解說均見前。承接上式。左足向後撤一大步。左手下沉。手心向下。右

（动作图说）左足左手不动。右手掠地。顺身向前向上穿出。手指向上。右足与手取一致动作提起。足掌宜平。左足尖亦同时微撇。左手下按。目前视。姿势向东，如第一式图（**第八十二图**）。

承上式右足向右后方撤半步。右手亦同时下按。全身竭力下坐。左手抬起。手指向上。左腿与左手取一致动作。同时提起。足掌宜平。目前视。姿势仍向东。如第二式图（**第八十三图**）。

（56）倒撵猴

（说明）此式意义解说均见前。承接上式。左足向后撤一大步。左手下沉。手心向下。右手翻起。目視右手。參照第四十二圖。第四十三圖。第四十四圖。第四十五圖。便可明瞭。不另插圖。此式練習之多寡。可以隨意。切記演至與第四十三圖相同時。方可變換以下之斜飛式。

（57） 斜飛式

（說明）此式意義解說均見前。參照第四十六圖。第四十七圖。便可明瞭。不另插圖。此式之落成。為南北斜橫之姿勢。

（58） 提手

（說明）此式意義。解說。均見前。參照第十三圖。第十四圖。便可明瞭。不另插圖。落成之姿勢向南。

（59） 白鶴亮翅

（說明）此式意義。解說。均見前。參照第十五圖。第十六圖。第十七圖。便可明瞭。不

手翻起。目视右手。参照第四十二图。第四十三图。第四十四图。第四十五图。便可明了。不另插图。此式练习之多寡。可以随意。切记演至与第四十三图相同时。方可变换以下之斜飞式。

（57）斜飞式

（说明）此式意义解说均见前。参照第四十六图。第四十七图。便可明了。不另插图。此式之落成。为南北斜横之姿势。

（58）提手

（说明）此式意义。解说。均见前。参照第十三图。第十四图。便可明了。不另插图。落成之姿势向南。

（59）白鹤亮翅

（说明）此式意义。解说。均见前。参照第十五图。第十六图。第十七图。便可明了。不另挿圖。落成之姿勢向東。

(60) 摟膝拗步

(說明)此式意義。解說。均見前。參照第十八圖。第十九圖。第二十圖。第二十一圖。便可明瞭。不另插圖。落成之姿勢向東。

(61) 海底針

(說明)此式意義。解說。均見前。參照第四十八圖。便可明瞭。不另插圖。落成之姿勢向東。

(62) 扇通臂

(說明)此式意義。解說。均見前。參照第四十九圖。便可明瞭。不另插圖。落成之姿勢向東。

(63) 撇身錘

另插图。落成之姿势向东。

（60）搂膝拗步

（说明）此式意义。解说。均见前。参照第十八图。第十九图。第二十图。第二十一图。便可明了。不另插图。落成之姿势向东。

（61）海底针

（说明）此式意义。解说。均见前。参照第四十八图。便可明了。不另插图。落成之姿势向东。

（62）扇通臂

（说明）此式意义。解说。均见前。参照第四十九图。便可明了。不另插图。落成之姿势向东。

（63）撇身锤

（說明）此式意義。解說。均見前。參照第二十四圖。第九十圖。第五十一圖。便可明瞭。不另插圖。落成姿勢向西。

（64） 上步搬攔錘

（說明）此式意義。解說。均見前。參照第三十一圖。第三十二圖。便可明瞭。不另插圖。落成姿勢向西。

（65） 進步攬雀尾

（說明）此式意義。解說。均見前。參照第二十三圖。第四圖。第五圖。第六圖。第七圖。第八圖。便可明瞭。不另插圖。落成之姿勢向西。

（66） 單鞭

（說明）此式意義。解說。均見前。參照第九圖。第十圖。第十一圖。第十二圖。便可明瞭。不另插圖。落成姿勢向東。

（说明）此式意义。解说。均见前。参照第三十四图。第五十图。第五十一图。便可明了。不另插图。落成之姿势向西。

（64）上步搬拦锤

（说明）此式意义。解说。均见前。参照第三十一图。第三十二图。便可明了。不另插图。落成姿势向西。

（65）进步揽雀尾

（说明）此式意义。解说。均见前。参照第二十三图。第四图。第五图。第六图。第七图。第八图。便可明了。不另插图。落成之姿势向西。

（66）单鞭

（说明）此式意义。解说。均见前。参照第九图。第十图。第十一图。第十二图。便可明了。不另插图。落成姿势向东。

（67）雲手

（說明）此式意義。解說。均見前。參照第五十二圖。第五十三圖。第五十四。第五十五圖。便可明瞭。不另插圖。惟演至與第五十三圖相同時。方可接演以下之單鞭。

（68）單鞭

（說明）此式意義。解說。均見前。承接雲手之五十三圖。即衔接單鞭之第十一圖。第十二圖。參照以上兩圖。便可明瞭。不另插圖。落成之姿勢向東。

（69）高探馬

（說明）此式意義。解說。均見前。參照第五十六圖。便可明瞭。不另插圖。落成之姿勢仍向東。

（70）十字腿

（意義）十字腿者。以伸順拳踢撇腿之謂也。

（67）云手

（说明）此式意义。解说。均见前。参照第五十二图。第五十三图。第五十四图。第五十五图。便可明了。不另插图。惟演至与第五十三图相同时。方可接演以下之单鞭。

（68）单鞭

（说明）此式意义。解说。均见前。承接云手之五十三图。即衔接单鞭之第十一图。第十二图。参照以上两图。便可明了。不另插图。落成之姿势向东。

（69）高探马

（说明）此式意义。解说。均见前。参照第五十六图便可明了。不另插图。落成之姿势仍向东。

（70）十字腿

（意义）十字腿者。以伸顺拳踢拗腿之谓也。

（功用）設敵由後方襲擊時。即可轉身以手攔格。乘勢以足踢之。

（注意）此式係運動腿部。活潑腰背。轉身時。左臂須竭力前伸。手指與足尖並齊。

（動作圖說）承上式右足不動。左足向前進一大步。同時右臂下沉。左手順右手向前穿出。目視左手。成為川字步。姿勢向東。如第一式圖。

第八十四圖　十字腿第一式

第八十五圖　十字腿第二式

左足尖勾回。左手亦同時屈回。全身向右約轉一百八十度。成為姿勢向西之勢。右足提起前踢。左手同時前擊。左手與右足務須動作一致。右手貼於左肩之外。目視右足。姿式向西。如第二式圖。

（功用）设敌由后方袭击时。即可转身以手拦格。乘势以足踢之。

（注意）此式系运动腿部。活泼腰背。转身时。左臂须竭力前伸。手指与足尖并齐。

（动作图说）承上式右足不动。左足向前进一大步。同时右臂下沉。左手顺右手向前穿出。目视左手。成为川字步。姿势向东。如第一式同（第八十四图）。

左足尖勾回。左手亦同时屈回。全身向右约转一百八十度。成为姿势向西之势。右足提起前踢。左手同时前击。左手与右足务须动作一致。右手贴于左肩之外。目视右足，姿式向西。如第二式图（第八十五图）。

（八）摟膝指膽鎚

（意義）此式為太極拳五鎚之一。乃摟膝後乘勢用拳進擊敵膽之意。

（功用）設敵以足踢吾膽時。即可抬腿避其鋒。順勢以左手反格敵腿。則敵必自倒。又可擊敵之陰部。敵必應手而仆矣。

（注意）右拳前擊時。右肩探出之力。係由脊背發出。方可得其要領。

（動作圖說）承上式右足落地外撇。左手順右肘擊出。姿勢下沉。與搬攔鎚之第二式微同。惟左手不伸直。不停。全身重再提起。左手摟膝。右手擊出。目視右拳。姿勢向西。如上圖。

第八十六圖

摟膝指膽鎚

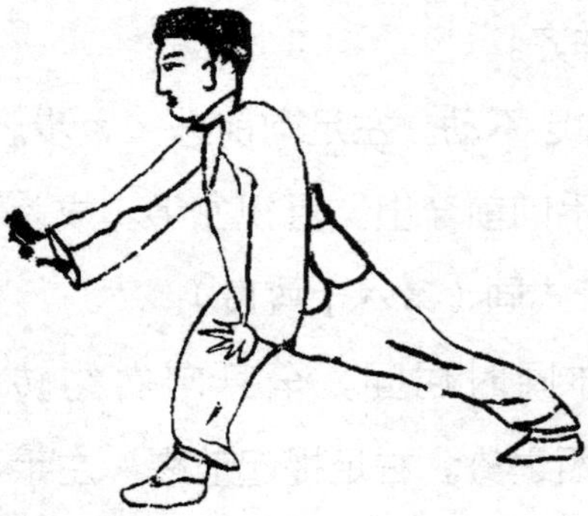

（71）搂膝指膛捶

（意义）此式为太极拳五锤之一。乃搂膝后乘势用拳进击敌膛之意。

（功用）设敌以足踢吾膛时。即可抬腿避其锋。顺势以左手反格敌腿。则敌必自倒。又可击敌之阴部。敌必应手而仆矣。

（注意）右拳前击时。右肩探出之力。须由脊背发出。方可得其要领。

（动作图说）承上式右足落地外撇。左手顺右肘发出。姿势下沉。与搬拦锤之第二式微同。惟左手不伸直。不停。全身重再提起。左手搂膝。右手击出。目视右拳。姿势向西。如上图（**第八十六图**）。

（72）上步攔雀尾

（說明）此式意義。解說。均見前。參照第二十三圖。第四圖。第五圖。第六圖。第七圖。第八圖。便可明瞭。不另插圖。

（73）單鞭下勢

（說明）此式意義。解說。均見前。參照第八十一圖。便可明瞭。不另插圖。

（74）上步七星

（意義）拳術家以兩臂相挽。兩拳斜對。名七星式。

（功用）設敵以拳當胸擊來。應以左臂上格。或外攔。同時可順進右足。以右拳自左拳下猛擊敵胸。

（注意）擊拳之時。不可直擊。宜含有由下向上擊之意。則敵之力最宜失中。

（72）上步揽雀尾

（说明）此式意义。解说。均见前。参照第二十三图。第四图。第五图。第六图。第七图。第八图。便可明了。不另插图。

（73）单鞭下势

（说明）此式意义。解说。均见前。参照第八十一图。便可明了。不另插图。

（74）上步七星

（意义）拳术家以两臂相挽。两拳斜对。名七星式。

（功用）设敌以拳当胸击来。应以左臂上格。或外拦。同时可顺进右足。以右拳自左拳下猛击敌胸。

（注意）击拳之时。不可直击。宜含有由下向上击之意。则敌之力最宜失中。

第八十七圖
上步七星

（動作圖說）由下勢左膝前弓。腰身前進。坐實左腿。兩手隨腰往前相交。作斜十字形。右足隨向前進約半步許。足尖著地。目視兩拳。姿勢直向東北。如上圖。

(75) 退步跨虎

（意義）拳術家以兩臂分開。兩腿蹲屈。一足立地。一足提起。或足尖點地。皆名跨虎式。

（功用）如用前式敵以手下壓。或外摟。及前踢時。即以左手下摟敵手。或足。身向後退。以備轉踢之意。

（注意）此式全身重量寄於右足。身宜直。頸宜頂。

（动作图说）由下势左膝前弓。腰身前进。坐实左腿。两手随腰往前相交。作斜十字形。右足随向前进约半步许。足尖着地。目视两拳。姿势直向东北。如上图（**第八十七图**）。

（75）退步跨虎

（意义）拳术家以两臂分开。两腿蹲屈。一足立地。一足提起。或足尖点地。皆名跨虎式。

（功用）如用前式敌以手下压。或外搂。及前踢时。即以左手下搂敌手。或足。身向后退。以备转踢之意。

（注意）此式全身重量寄于右足。身宜直。头宜顶。

第八十八圖 退步跨虎

(動作圖說)承上式右足復向後退半步。屈膝下蹲。兩手分開。右手在上。手心朝外。左手在下。手心朝下。左足微向後退。足尖點地。成丁虛步。姿勢仍向東北。如上圖。

(76) 轉脚擺蓮

(意義)轉脚擺蓮者。即轉身蓄勢。向旁擺踢之謂也。

(功用)設敵自左側擊來。斜閃身上左足。以避之。誘敵進襲。再轉身起右足以踢敵脅。

(注意)上左足時。足尖宜向內合。以便迴轉迅速。

(動作圖說)承上式左足提起。以右足尖為軸。全身向右轉一大圈。約三百二十度。左落足地成為川字步。同時兩手屈回。兩臂之中間成為圓形。左手在上。右手在下。目向東視。預備向右擺踢之意。如第一式圖。

第八十九圖 轉脚擺蓮第一式

（动作图说）承上式右足复向后退半步。屈膝下蹲。两手分开。右手在上。手心朝外。左手在下。手心朝下。左足微向后退。足尖点地。成丁虚步。姿势仍向东北。如上图（**第八十八图**）。

（76）转脚摆莲

（意义）转脚摆莲者。即转身蓄势。向旁摆踢之谓也。

（功用）设敌自左侧击来。则闪身上左足。以避之。诱敌进袭。再转身起右足以踢敌胁。

（注意）上左足时。足尖宜向内合。以便回转迅速。

（动作图说）承上式左足提起。以右足尖为轴。全身向右转一大圈。约三百二十度。左落足地成为川字步。同时两手屈回。两臂之中间成为圆形。左手在上。右手在下。目向东视。预备向右摆踢之意。如第一式图（**第八十九图**）。

第九十圖 轉腳擺蓮第二式

左足不動。全身立起。以左足跟為軸。微向右轉。左手在下。右手在上。右足向右擺踢。兩手微拍足背。目視右足。姿勢向東。如第二式圖。

(九一) 彎弓射虎

(意義)此式如在馬上開弓射虎之意。而故名。

(功用)設敵從右搭吾右臂下採持。即可隨其動作而揉化其力。乘勢且可前擊其胸。

(注意)此式係用腰力。雙拳前後齊時。須隱含螺旋之意。

第九十一圖 彎弓射虎第一式

(動作圖說)承上式右足向右前方踏出一步落下。重量移於右腿。兩手隨腰隨右足向右向下圓轉。又由下而上至右腰旁。雙臂上舉。右臂肩肘相平。右手變拳微高。停於額前。虎口向下。左手變拳。墜肘。拳與胸齊左足不动。全身立起。以左足跟为轴。微向右转。左手在下。右手在上。右足向右摆踢。两手微拍足背。目视右足。姿势向东。如第二式图（第九十图）。

（77）弯弓射虎

（意义）此式如在马上开弓射虎之意。而故名。

（功用）设敌从右搭吾右臂下按时。即可随其动作两揉化其力。乘势且可前击其胸。

（注意）此式系用腰力。双拳前击时。须隐合螺旋之意。

（动作图说）承上式右足向右前方踏出一步落下。重量移于右腿。两手随腰随右足向右下圆转。又由下而上至右腰旁双臂上举。右臂肩肘相平。右手变拳微高。停于额前。虎口向下。左手变拳。坠肘。拳与胸齐。

。姿勢向左前方如張弓射虎之意。目前視。如第一式圖。

兩足皆不動。右拳前擊。左臂下沉。全身重量由右腿移於左腿。成為極矮之姿勢。右足竭力抓地。目視右拳。姿勢向東。如第二式圖。

第九十二圖 彎弓射虎第二式

(78) 上步搬攔錘

(說明)此式意義。解說。均見前。左足不動。全身立起。右足提起。足尖外撇。右手外撇。左手擊出。參照第二十一圖。第三十二圖。便可明瞭。不另插圖。

(79) 如封似閉

(說明)此式意義。解說。均見前。參照第三十二圖。便可明瞭。不另插圖。落成之姿勢向東。

姿势向左前方如张弓射虎之意。目前视。如第一式图（第九十一图）。

两足皆不动。右拳前击。左臂下沉。全身重量由右腿移于左腿。成为极矮之姿势。右足竭力抓地。目视右拳。姿势向东。如第二式图（第九十二图）。

（78）上步搬拦锤

（说明）此式意义。解说。均见前。左足不动。全身立起。右足提起。足尖外撇。右手外撇。左手击出。参照第三十一图。第三十二图。便可明了。不另插图。

（79）如封似闭

（说明）此式意义。解说。均见前。参照第三十三图。便可明了。不另插图。落成之姿势向东。

(80) 十字手

(說明)此式意義。解說。均見前。參照第二十四圖。第二十五圖。便可明瞭。不另插圖。

(81) 合太極

(意義說明)此式為練習完畢還原之姿勢。以意行氣。直達氣海。神宜內斂。氣宜充盈。意念存一靜字。則週身如沐洛然。箇中之愉快。非編者所能詳盡者也。

承上式兩手徐徐按下。不可着力。成為還原之勢。與第一圖同。姿勢仍恢復原狀。面仍向南。如上圖。

第九十三圖 合太極

（80）十字手

（说明）此式意义。解说。均见前。参照第三十四图。第三十五图。便可明了。不另插图。

（81）合太极

（意义说明）此式为练习完毕还原之姿势。以意行气。直达气海。神宜内敛。气宜充盈。意念存一静字。则周身如沐浴然。个中之愉快。非编者所能详尽者也。

承上式两手徐徐按下。不可着力。成为还原之势。与第一图同。姿势仍恢复原状。面仍向南。如上图（**第九十三图**）。

第十一章 推手

演習長拳。以練其體。以傳地推手。以操其用。故研究太極拳。務須常常多練架子。精純之後。窮其理。傳其神。然後始可練習推手。如此方不至有忽呆忽滯之病。和誤入歧途之害也。練拳時。主於靜。推手時。主於動。故拳家云。靜為本體。動為作用。望研究斯道者。務深思之。自可領徹入奧。由神會而貫通。練習時。須以柔順和緩為主體。推手時。則以懂勁知人為要訣、必須以練基礎。方可練習推手。二人肘腕互搭。推盪往來。以覺察敵勁之虛實。久之自可感覺靈敏。微動便知。無微不至。隨己意而能虛實應付。斯即為懂勁矣。懂勁後。愈練愈精。往來順應。奇幻倏忽。變化無窮。練斯拳者。宜注意焉。

合步推手之掤

（意義）掤者。捧而上承之意。令其力不得下落之故也。

第十一章　推手

演习长蹚。以练其体。实地推手。以操其用。故研究太极拳。务须常常名盘架子。精纯之后。穷其理。传其神。然后始可练习推手。如此方不至有忽呆忽滞之病。和误入歧途之害也。练拳时。主于静。推手时。主于动。故拳家云。静为本体。动为作用。望研究斯道者。务深思之。自可领微入奥。由神会而贯通。练习时。须以柔顺和缓为主体。推手时。则以懂劲知人为要诀。必须先作基础。方可学习推手。二人肘腕互搭。推荡往来。以觉察敌劲之虚实。久之自可感觉灵敏。微动便知。无微不至。随己意而能虚实应付。斯即为懂劲矣。懂劲后。愈练愈精。逆来顺应。奇幻倏忽。变化无穷。练斯拳者。宜注意焉。

合步推手之掤

（意义）掤者。捧而上承之意。令其力不得下落之故也。

第一圖　推手法之棚

合步推手之攦

（動作圖說）甲乙二人對立。均右足在前。成為子午樁。乙先出手。甲即出手棚之。使其方量偏差。步下之距離則隨個人之高矮而伸縮之。總須前進後退毫不費力為適宜。兩目各視對方之手。如第一圖。（左右均相同）

（意義）攦者。舒也。舒散其力。使敵力騰散。而不能復聚之意。

（动作图说）甲乙二人对立。均右足在前。成为子午桩。乙先出手。甲即出手掤之。使其力量偏差。步下之距离则随个人之高矮而伸缩之。总须前进后退毫不费力为适宜。两目各视对方之手。如第一图。（左右均相同）

合步推手之攦

（意义）攦者。舒也。舒散其力。使敌力腾散。而不能复聚之意。

推手第二法圖之擠

（動作圖說）承上式乙微用力。右腿微前弓。甲即伸左手貼近乙之肩部。兩手同時向右後方斜擴。腰亦竭力向右轉。上體後坐。乙目視甲之右手。甲目視乙之右手。如第二圖。（左右均相同）

合步推手之擠與按

（意義）此式可顯明兩式。乙擠。甲按。則乙之力無由施矣。擠者。排推也。以臂擠住敵身。使其不能脫逃。乘勢而推擲之意。按者。下按也。切記不可直接下按。必須用斜側之按。則敵之力自能落空矣。

（注意）此式所拍之像。為換手之圖。因恐學者兩手模仿不清。故用反勢拍照。以下之動

（动作图说）承上式乙微用力。右腿微前弓。甲即伸左手贴近乙之肩部。两手同时向右后方斜攦。腰亦竭力向右转。上体后坐。乙目视甲之右手。甲目视乙之右手。如第二图。（左右均相同）

合步推手之挤与按

（意义）此式可显明两式。乙挤。甲按。则乙之力无由施矣。挤者。排推也。以臂挤住敌身。使其不能脱逃。乘势而推掷之意。按者。下按也。切记不可直接下按。必须用斜侧之按。则敌之力自能落空矣。

（注意）此式所拍之像。为换手之图。因恐学者两手模仿不清。故用反势拍照。以下之动作圖說。仍以右臂作擠。左手輔於右臂。方可抵接第一圖。

（動作圖說）承上式乙即用右臂擠出。竭力弓右腿。甲即向左後方斜按。乙目視個人之右臂。甲視乙之右臂。甲之上體竭力後坐。如第三圖。（左右均相同）

第三圖
推手法之擠與按

合步推手換手法

（說明）以上三圖。為掤。攦。擠。按。四法。兩人每一搭手。必須推至四十五分鐘。至一小時。方可獲有相當之進益。兩腿如疲乏。可隨意換腿。兩臂如疲乏。亦可隨意

作图说。仍以右臂作挤。左手辅于右臂。方可衔接第一图。

（动作图说）承上式乙即用右臂挤出。竭力弓右腿。甲即向左后方斜按。乙目视个人之右臂。甲视乙之右臂。甲之上体竭力后坐。如第三图。（左右均相同）

合步推手换手法

（说明）以上三图。为掤。攦。挤。按。四法。两人每一搭手。必须推至由十五分钟。至一小时。方可获有相当之进益。两腿如疲乏。可随意换腿。两臂如疲乏。亦可随意換臂。週而復始。仍為掤。攦。擠。按。四字而已。換手者。則為調劑疲乏之方法也。

第四圖
推手法之換手

（動作圖說）甲擠乙時。乙即引甲之左臂向左後方斜攦。甲即迅以右手承接左臂之不得力處。速以右臂重擠。則手自換矣。無論左右皆可隨意變換。

順步推手與活步推手

（說明）順步推手之手法。與合步推手法相同。惟甲左足在前。乙右足在前。或甲右足在前

换臂。周而复始。仍为掤。攌。挤。按。四字而已。换手者。则为调剂疲乏之方法也。

（动作图说）甲挤乙时。乙即引甲之左臂向左后方斜攌。甲即迅以右手承接左臂之不得力处。速以右臂重挤。则手自换矣。无论左右皆可随意变换。

顺步推后与活步推手

（说明）顺步推手之手法。与合步推手法相同。惟甲左足在前。乙右足在前。或甲右足在前。

。乙左足在前之差别耳。而活步推手則為隨意動步之推手。必須先練習合步推手。純熟之後。再去練習順步推手。此兩種手法。均為純熟之後。再去研究活步推手。而活推手之要義。則無拘無束。隨己意而變化。或用掤。攦。擠。按。或用採。挒。肘。靠。進。退。顧。盼。定。切不可拘泥於成法。久而自然。自可入於神化之境。其太極拳中之大攦。則仍為成法之推手。學者可知而不可久練。久練惟恐處處失之活潑。近於呆板。學者務須深加探討。則自不難融會貫通也。

合步推手之採

（意義）採者。即以敵方擊來之勁。採之向下傾斜。則引勁落空以彼力還制彼身之意。

蓋太極拳中惟採最難。因每逢施用此式。必須後腿竭力下坐。方可將敵之力引向空處。然而此式又極危險。總因姿勢過矮之故。尤恐敵方乘勢進擊使我措手不及。學者務須在子午樁式。痛下工夫。則於此式有極大之補助。倘敵順勢以猛力來攻。而

乙左足在前之差别耳。而活步推手则为随意动步之推手。必须先练习合步推手。纯熟之后。再去练习顺步推手。此两种手法。均为纯熟之后。再去研究活步推手。而活推手之要义。则无拘无束。随己意而变化。或用掤。搌。挤。按。或用采。挒。肘。靠。进。退。顾。盼。定。切不可拘泥于成法。久而自然。自可入于神化之境。其太极拳中之大搌。则仍为成法之推手。学者可知而不可久练。久练惟恐处处失之活泼。近于呆板。学者务须深加探讨。则自不难融会贯通也。

合步推手之采

（意义）采者。即以敌方击来之劲。采之向下倾斜。则引劲落空以彼力还制彼身之意。盖太极拳中惟采最难。因每适施用此式。必须后腿竭力下坐。方可将敌之力引向空处。然而此式又极危险。总因姿势过矮之故。尤恐敌方乘势进击使我措手不及。学者务须在子午桩式。痛下工夫。则于此式有极大之补助。倘敌顺势以猛力来攻。而我後足仍有餘力以抵抗則不至有傾倒之險也。

(動作圖說)設若甲之上體正在不得力處。乙乘勢以右臂猛擊時。甲即竭力坐腿。敵之力自必落空。並可乘勢還擊。則乙必信手而出。乙目視甲之手。甲目視乙之兩目。如第五圖。

第五圖

推手法之採

合步推手之挒

(意義)敵來之力。引向下方。謂之採。引向左右兩側謂之挒。採者。微易。挒者。尤難

我后足仍有余力以抵抗则不至有倾倒之险也。

（动作图说）设若甲之上体正在不得力处。乙乘势以右臂猛击时。甲即竭力坐腿。敌之力自必落空。并可乘势还击。则乙必信手而出。乙目视甲之手。甲目视乙之两目。如第五图。

合步推手之挒

（意义）敌来之力。引向下方。谓之采。引向左右两侧谓之挒。采者，微易。挒者。尤难。

務須時常活動兩腿。使其運用自如。然後才可演習採挒之方法。此式為太極拳中最精妙之手法。如敵以極猛力擊來時。我則不加絲毫之力以採敵臂。敵可自向前仆。

推手法之挒
第六圖

（動作圖說）設若甲之全身示以空隙誘乙之猛力擊來時。甲可以右手挒敵右腕。以左手加按乙肩。使乙擊來之力傾向於後側。甲之左腿須竭力後坐。以腰為軸。引敵落空。乙自己成空向。甲目似有向後以神引氣之意。如第六圖。

务须时常活动两腿。使其运用自如。然后才可演习采挒之方法。此式为太极拳中最精妙之手法。如敌以极猛力击来时。我则不加丝毫之力以采敌臂。敌可自向前仆。

（动作图说）设若甲之全身亦以空隙诱乙之猛力击来时。甲可以右手挒敌右腕。以左手加按乙肩。使乙击来之力倾向于后侧。甲之左腿须竭力后坐。以腰为轴。引敌落空。乙目已成空向。甲目似有向后以神引气之意。如第六图。

合步推手之肘

（意義）肘者。以肘擊敵之意。蓋肘之一部。在太極拳中。最難練習。倘能得其要領。較其他之手法。實為便利。因素曾用肘。必先進身。務使敵勢失中。則我一發必中。否則仍可御接之以掌。如學者朝夕不輟。精益求精。自有無限之佳境。非編者能以數語道其萬一者也。

第七圖
推手法之肘

（動作圖說）設若乙以左手擊來。甲即伸左手以搭其腕。復弓步以肘擊之。無論左右均可隨意演習。乙因已不知所向。甲目視乙之左肋。如第七圖。

合步推手之肘

（意义）肘者。以肘击敌之意。盖肘之一部。在太极拳中。最难练习。倘能得其要窍。较其他之手法。实为便利。因未曾用肘。必先进身。务使敌劲失中。则我一发必中。否则仍可衔接之以掌。如学者朝夕不辍。精益求精。自有无限之佳境。非编者能以数语道其万一者也。

（动作图说）设若乙以左手击来。甲即伸左手以搭其腕。复弓步以肘击之。无论左右均可随意演习。乙目已不知所向。甲目视乙之左肋。如第七图。

合步推手之靠

(意義)靠者。以全體接近敵身。進步環繞敵腿。使敵不得外逃。復以後足之蹬力送之於臂。此即爲靠。

第八圖　推手法之靠

(動作圖說)設若乙以右臂猛力擊來時。甲即以右手抬乙右手。復進左臂左足以靠敵身。猛力用肩背之力外靠。則敵自倒。乙自己敞空向。甲目視乙兩目。如第八圖。

合步推手之靠

（意义）靠者。以全体接近敌身。进步环绕敌腿。使敌不得外逃。复以后足之蹬力送之于臂。此即为靠。

（动作图说）设若乙以右臂猛力击来时。甲即以右手抬乙右手。复进左臂左足以靠敌身。猛力用肩背之力外靠。则敌自倒。乙目已成空向。甲目视乙两目。如第八图。

太極拳問答 附吳鑑泉硃觀志詞

問　何種體格。與太極拳最為相宜。

答　無論何種體格均極相宜。惟體格強弱之不同。習之略分難易耳。體格瘦者。較為靈活。而厚重則遜之。胖者較為穩厚。而不免於拙滯。各有所長。亦有所短。然若能勤練功夫。其成就一也。

問　太極拳必求其柔。柔之利益何在。

答　求其柔者。所以使全身撤而不連滯也。假如推其手。手動而肘不動。推其肘。肘動而肩不動。推其肩。肩動而身不動。推其身。身動而腰不動。推其腰。腰動而腿不動。故能動如泰山。安如磐石。若放人之時。則又由腳而腿。而腰。而身。而肩。而肘。而手。連為一氣。故能去如穿梭。若不能柔。全身成一整物。力雖大。然遇力大於我者。推我一處。則全身不能立穩。柔之功用。豈不大哉。故能整能散。能

太极拳问答　附助勉国术同志词

问：何种体格。学太极拳最为相宜。

答：无论何种体格均极相宜。惟体格软硬之不同。习之略分难易耳。体格瘦者。较为灵活。而厚重则逊之。胖者较为稳厚。而不免于拙滞。各有所长。亦有所短。然若能勤练功夫。其成就一也。

问：太极拳必求其柔。柔之利益何在。

答：求其柔者。所以使全身撤而不连带也。假如推其手。手动而肘不动。推其肘。肘动而肩不动。推其肩。肩动而身不动。推其身。身动而腰不动。推其腰。腰动而腿不动。故能动如泰山。安如磐石。若放人之时。则又由脚而腿。而腰。而身。而肩。而肘。而手。连为一气。故能去如穿梭。若不能柔。全身成一整物。力虽大。然遇力大于我者。推我一处。则全身不能立稳。柔之功用。岂不大哉。故能整能散。能柔能剛。能進能退。能虛能實。乃太極拳之妙用也。

問 有人言練太極拳。仍須用力者然否。

答 太極拳論云。極柔軟然後極堅剛。太極拳之堅剛內勁。係由柔軟鬆開而生。練架子愈柔軟鬆開。則長內勁愈速。稍有強硬不鬆之處。即為長內勁之阻礙。蓋鬆開則兩臂容易沉重。不鬆開則兩臂仍是輕浮。是為明證。凡持此說者。大抵天生有些蠻力。喜恃其力。或習過硬拳不肯捨棄。故尚不能堅信極柔然後極剛之說。雖練太極拳。終不能得太極最精妙之意也。

問 練太極拳之神氣態度應如何。

答 總以神凝氣靜。中正安舒。從容大雅。綿綿不斷為準則。看似輕靈。而又極沉重。看似動宕。而又極安靜。凡太輕浮流動。或過於劍拔弩張之態。皆未得其精意也。

問 練太極拳時頭部應如何。

柔能刚。能进能退。能虚能实。乃太极拳之妙用也。

问：有人言练太极拳。仍须用力者然否。

答：《太极拳论》云。极柔软然后极坚刚。太极拳之坚刚内劲。系由柔软松开而生。练架子愈柔软松开。则长内劲愈速。稍有强硬不松之处。即为长内劲之阻碍。盖松开则两臂容易沉重。不松开则两臂仍是轻浮。是为明证。凡持此说者。大抵天生有些蛮力。喜恃其力。或习过硬拳不肯舍弃。故尚不能坚信极柔然后极刚之说。虽练太极拳。终不能得太极最精妙之意也。

问：练太极拳之神气态度应如何。

答：总以神凝气静。中正安舒。从容大雅。绵绵不断为准则。看似轻灵。而又极沉重。看似动宕。而又极安静。凡太轻浮流动。或过于剑拔弩张之态。皆未得其精意也。

问：练太极拳时头部应如何。

答　頭宜正直。不可低向下視。頭低則精神不振。

問　練太極拳時眼光如何。

答　眼者神之舍也。眼光有時隨手而行。眼隨手則腰自轉動。有時亦向前看。所謂左顧右盼中定是也。左顧右盼。則腰轉可化人之勁。前看則中定。凡久練太極拳者。雙眼奕奕有神。神光足者。其功夫必深無疑。

問　練太極拳時腰應如何鬆。

答　鬆者。非硬往下壓之意也。硬壓則不易轉動。鬆則轉動可自如。太極拳論云。腰如車輪。此言其活。又云腰如纛。此言其正直。如腰不下鬆。不正直。則臀高聳。不但不雅觀。而尾閭必不能中正。神必不能貫頂。力必不能由背脊而發。

問　練太極拳用掌時之手指如何。

答　手指亦宜舒展自然。不可拳屈。不可太張使之硬直。拳屈則氣貫。不能達於指尖。

答：头宜正直。不可低向下视。头低则精神不振。

问：练太极拳时眼光如何。

答：眼者神之舍也。眼光有时随手而行。眼随手则腰自转动。有时亦向前看。所谓左顾右盼中定是也。左顾右盼。则腰转可化人之劲。前看则中定。凡久练太极拳者。双眼奕奕有神。神光足者。其功夫必深无疑。

问：练太极拳时腰应如何松。

答：松者。非硬往下压之意也。硬压则不易转动。松则转动可自如。《太极拳论》云。腰如车轮。此言其活。又云腰如纛。此言其正直。如腰不下松。不正直。则臀高耸。不但不雅观。而尾闾必不能中正。神必不能贯顶。力必不能由背脊而发。

问：练太极拳用掌时之手指如何。

答：手指亦宜舒展自然。不可拳屈。不可太张使之硬直。拳屈则气贯。不能达于指尖。

硬直則氣不到。兩掌按出時不可太過膝。過膝則失其重心。嘗見練太極拳者。兩拳按出過度。全身傾出。臀部高聳。此由於脚步太小。腰不能下之故。足不到。而手向前探。不但不能擊人。而己身前傾。恐亦不能穩固。四法歌云。手到脚不到。自去尋煩惱。誠不虛也。故擊人必須進足貼身。則兩手隨腰跨進。人以跌出。此乃全身之勁也。

問　有人言脚步不可太大。太大則換步不靈。然否。

答　此說亦不錯。惟初練架子時。步須開展。總以兩腿之一直一曲為準則。如左腿直。則右腿曲。所曲之腿。以膝與足尖成一垂線為準。腰須鬆下。則前後轉動自如。步太小。則腰之轉動亦小。對方來勢如猛。則無消化之餘地。不得不退步矣。如遇路窄。無地可退。則無可如何。如步稍大。以腰轉動。則可化對方之力。而還擊之。

問　有人言架子不必多練。但習推手即可長功夫。然否。

硬直则气不到。两掌按出时不可太过膝。过膝则失其重心。尝见练太极拳者。两拳按出过度。全身倾出。臀部高耸。此由于脚步太小。腰不能下之故。足不到。而手向前探。不但不能击人。而己身前倾。恐亦不能稳固。四法歌云。手到脚不到。自去寻烦恼。诚不虚也。故击人必须进足贴身。则两手随腰略进。人以跌出。此乃全身之劲也。

问：有人言脚步不可太大。太大则换步不灵。然否。

答：此说亦不错。惟初练架子时。步须开展。总以两腿之一直一曲为准则。如左腿直。则右腿曲。所曲之腿。以膝与足尖成一垂线为准。腰须松下。则前后转动自如。步太小。则腰之转动亦小。对方来势如猛。则无消化之余地。不得不退步矣。如遇路窄。无地可退。则无可如何，如步稍大。以腰转动。则可化对方之力。而还击之。

问：有人言架子不必多练。但习推手即可长功夫。然否。

答　凡輕視架子者。皆未得架子之規矩精意。架子為最要之基礎。久久練習。身體方能重如泰山。輕如鴻毛。若不勤習架子。雖多練推手。身體仍有不穩之弊。易為人所牽動。

問　欲成出類拔萃之名手。功夫。應如何練習。

答　須先有四種心。(一)信仰心。凡習一種拳術。必須有絕大之信仰心。不可稍存懷疑之意。(二)有恒心。人而無恒。不可以作巫醫。拳術更非有恒不可。(三)忍耐心。五年不成。期之十年。十年不成。期之二十年。雖資質魯鈍。一時難見功效。若有絕大之忍耐力。未有不成者。(四)謙遜心。功夫雖小有成就。不可自以為高。如為健身及他日雪恥之圖。則可謂用之得當。若僅知一二法門。而作好勇鬬狠之用。自命絕無對手。則失提倡者之本旨矣。無論何種拳術。必有其特長。皆須虛心研究。然後知己知彼。不致因驕而失敗矣。

答：凡轻视架子者。皆未得架子之规矩精意。架子为最要之基础。久久练习。身体方能重如泰山。轻如鸿毛。若不勤习架子。虽多练推手。身体仍有不稳之弊。易为人所牵动。

问：欲成出类拔萃之名手。功夫。应如何练习。

答：须先有四种心。（一）信仰心。凡习一种拳术。必须有绝大之信仰心。不可稍存怀疑之意。（二）有恒心。人而无恒。不可以作巫医。拳术更非有恒不可。（三）忍耐心。五年不成。期之十年。十年不成。期之二十年。虽资质鲁钝。一时难见功效。若有绝大之忍耐力。未有不成者。（四）谦逊心。功夫虽小有成就。不可自以为高。如为健身及他日雪耻之图。则可谓用之得当。若仅知一二法门。而作好勇斗狠之用。自命绝无对手。则失提倡者之本旨矣。无论何种拳术。必有其特长。皆须虚心研究。然后知己知彼。不致因骄而失败矣。

中央國術館館長。張之江先生。勗勉國術同志詞。

願我同志 刻苦自勵 鍊修並重 保精養氣 至大至剛 經天緯地 丹田實腴

贊合化育 中和盡善 勞謙終吉 避制攻克 首在節慾 防微杜漸 朝乾夕惕

敦品篤行 守身如玉 福善禍淫 因果定例 溯本窮源 基於道義 希聖法天

仁勇且智 愛切望深 昌其有極。

（終）

中央国术馆馆长　张之江先生　助勉国术同志词

愿我同志　刻苦自励
练修并重　保精养气
至大至刚　经天纬地
丹田膏腴　赞合化育
中和尽善　劳谦终吉
避制攻克　首在节欲
防微杜渐　朝乾夕惕
敦品笃行　守身如玉
福善祸淫　因果定例
溯本穷源　基于道义
希圣法天　仁勇且智
爱切望深　曷其有极